会计模拟实习

主　编　林显胜
副主编　孙金平　项国清　陈淑明

华南理工大学出版社
·广州·

内容简介

本书是会计入门教材之一，以入门知识为主，在《会计启蒙》教材的基础上，模拟实际工作的会计凭证进一步讲解会计核算过程。本书用通俗的语言讲解与感性实践相结合，既可作为自学读本，又可作为在校学生的实习资料。

本书分两部分，第一部分为教材，模拟一个家具厂某个月一些简单的经济业务，演示性解说如何根据每一张仿真原始凭证编制记账凭证、登记账簿、成本计算过程以及编制会计报表。第二部分为实习资料，供读者进行实习。

读者登陆网站 http://www.kjswysx.com/，可获取本书的幻灯演示课件以及实习部分参考答案。

图书在版编目（CIP）数据

会计模拟实习/林显胜主编．—广州：华南理工大学出版社，2010.6（2013.2 重印）
ISBN 978-7-5623-3303-6

Ⅰ．①会…　Ⅱ．②林…　Ⅲ．①会计学-教材　Ⅳ．①F230

中国版本图书馆 CIP 数据核字（2010）第 097968 号

总 发 行：华南理工大学出版社（广州五山华南理工大学 17 号楼，邮编 510640）
营销部电话：020-87113487　87110964　87111048（传真）
E-mail: scutc13@scut.edu.cn　　http://www.scutpress.com.cn

责任编辑：兰新文
印 刷 者：惠州市海天印刷有限公司
开　　本：787mm×960mm　1/16　印张：15.25　字数：274 千
版　　次：2010 年 6 月第 1 版　2013 年 2 月第 4 次印刷
印　　数：6 001～8 000 册
定　　价：28.00 元

目 录

第一章 会计人员交接

当你应聘到一家公司当会计时，如果这家公司是新成立的企业，则万事从头起，没有以前的会计资料，所有账户需要开设。如果这家公司不是新成立的企业，则你是接上一任会计人员的手，在原来开设的会计账簿中继续登记。我们现在假定你叫王大力，应聘到一家叫“滨江市红星家具厂”的老企业（为能够直观地讲解，设定红星家具厂仍然采用手工记账）当会计，接替原会计张美丽。这时，你要做的第一件事就是办理交接手续。有关会计人员交接的规定如下：

会计人员调动工作或者离职，必须与接管人员办清交接手续。一般会计人员办理交接手续，由会计机构负责人（会计主管人员）监交；会计机构负责人（会计主管人员）办理交接手续，由单位负责人监交，必要时主管单位可以派人会同监交。

既然是会计工作交接，那就必定有移交方和接管方，你（王大力）是接管方，原会计张美丽是移交方。你们的移交还需要一个监交人，由于你应聘到红星家具厂当一般会计人员，接替原来的一般会计人员张美丽，因此，红星家具厂会计部经理（即会计机构负责人）钟国仁可以担任你们的监交人。

第一节 移交人员应当办理的业务

如何进行交接？我们首先看看张美丽要做些什么。会计人员办理移交手续前，必须及时做好以下工作。

（1）已经受理的经济业务尚未填制会计凭证的，应当填制完毕。

按规定，经济业务发生后，应及时填制记账凭证，在你接手之前，张美丽已经受理了的经济业务，应该由张美丽编制记账凭证。我们现在假定你们是 2008 年 12 月 1 日进行交接的，那么，2008 年 11 月的会计信息资料应该由张美丽负责，她必须将 11 月份全部经济业务编制记账凭证。

（2）尚未登记的账目，应当登记完毕，并在最后一笔余额后加盖经办人员印章。如果张美丽是在 12 月 17 日移交，则在 12 月 17 日余额后面盖章，如图 1－1 所示。现在我们设定的是 12 月 1 日移交，则张美丽应在 11 月结账后的余额后面盖章，如图 1－1 所示。

应收账款明细账

江州鸿发商场

2008年		凭证	摘要	借方	贷方	借或贷	余额
月	日	编号					
11	30		本月合计	103 865.00	104 353.78	借	73 840.00
12	4	4	销售产品	115 320.00			189 160.00
12	12	12	收回货款		21 840.00		167 320.00
12	17	23	销售产品	60 300.00			227 620.00
12	17	24	收回货款		115 320.00		112 300.00 张美丽

在最后一笔余额后加盖经办人员印章

应收账款明细账

江州鸿发商场

2008年		凭证	摘要	借方	贷方	借或贷	余额
月	日	编号					
10	31		本月合计	63 845.20	27 693.50	借	74 328.78
11	6	9	销售产品	35 250.00			109 578.78
11	16	18	收回货款		35 250.00		74 328.78
11	23	25	销售产品	40 300.00			114 628.78
11	26	34	销售产品	28 315.00			142 943.78
11	28	36	收回货款		69 103.78		73 840.00
11	30		本月合计	103 865.00	104 353.78		74 840.00 张美丽

在最后一笔余额后加盖经办人员印章

图 1－1　应收账款明细账

（3）整理应该移交的各项资料，对未了事项写出书面材料。

如长期借款的归还期限、充当某某公司借款担保，等等。如果是会计机构负责人、会计主管人员移交，还必须将全部财务会计工作、重大财务收支和会计人员的情况等向接替人员详细介绍。对需要移交的遗留问题，应当写出书面材料。

（4）编制移交清册。

移交清册上应当列明移交的会计凭证、会计账簿、会计报表、印章、现金、有价证券、支票簿、发票、文件、其他会计资料和物品等内容；实行会计电算化的单位，

从事该项工作的移交人员还应当在移交清册中列明会计软件及密码、会计软件数据磁盘（磁带等）及有关资料、实物等内容。

移交清册的格式不像会计账簿那么严格，可以用表格填列，也可以用文字表述，能够把上述内容反映清楚就行了。

以上是移交人，也就是原会计张美丽要做的事情。那么，我们再看看王大力要做的事情。

第二节　接管人员应当办理的业务

移交人张美丽在办理移交时，要按移交清册逐项移交，接替人王大力要逐项核对点收。

（1）现金、有价证券要根据会计账簿有关记录进行点交。库存现金、有价证券必须与会计账簿记录保持一致。不一致时，移交人员必须限期查清。

张美丽的移交清册上写着库存现金有 5 000 元，接管人王大力就要看看出纳的现金日记账和会计的现金总账记录是否真有 5 000 元，亲自清点库存现金是否有 5 000 元（必须有出纳员在场），有价证券（如国库券等）也要清点。

（2）会计凭证、会计账簿、会计报表和其他会计资料必须完整无缺。如有短缺，必须查清原因，并在移交清册中注明，由移交人员负责。

（3）银行存款账户余额要与银行对账单核对，如不一致，应当编制银行存款余额调节表调节相符（后面章节介绍其填制方法）。

（4）各种财产物资和债权债务的明细账户余额要与总账有关账户余额核对相符。

对于实物资产，除了账面上总账与明细账核对相符之外，最好进行一次财产清查，如确实无法进行全面清查的，接管人员最好抽查个别账户的余额，与实物核对相符；应收、应付款项与往来单位、个人核对清楚。

（5）接管移交人员经管的票据、印章和其他实物等；移交人员从事会计电算化工作的，要对有关电子数据在实际操作状态下进行接管。

第三节　交接双方应当办理的业务

交接完毕后，交接双方和监交人员要在移交清册上签名或者盖章，并应在移交清册上注明：单位名称，交接日期，交接双方和监交人员的职务、姓名，移交清册页数以及需要说明的问题和意见等。移交清册一般应当填制一式三份，交接双方各执一份，存档一份。

接替人员应当继续使用移交的会计账簿，不得自行另立新账，以保持会计记录的连续性。

如果王大力接管后发现以前会计处理不正确，那就不是王大力的责任，移交人张美丽对所移交的会计凭证、会计账簿、会计报表和其他有关资料的合法性、真实性承担法律责任。

第二章　期初设置

第一节　实习准备

在对滨江市红星家具厂2008年12月份发生的经济业务进行会计核算之前，做好如下准备工作：

（1）岗位分工。会计主体是滨江市红星家具厂，参加实习的同学是红星家具厂的会计人员。如果是在校学生、培训班学员，则应分成每5人一个小组，指定出纳员、会计主管、记账员、审核员、授权审批会计事项的单位领导人，自己则负责制证和登记账簿岗位工作。同时，自己可以担任同一组内其他同学的出纳员，或者会计主管、审核员或者授权审批会计事项的单位领导人。即：甲同学担任本组制证和记账岗位，同时担任本组乙同学的出纳岗位、担任丙同学的会计主管岗位、担任丁同学的审核岗位、担任戊同学的主管领导职务，这样，每个人都能在不同的岗位进行实习。

➤ 提示

这里要注意：实际工作中，在同一会计主体内，同一人不能兼任不相容岗位工作。在实习中，为方便实习者熟悉各个岗位业务工作，可以设定如此分工。

岗位分工完毕后，应在自己登记的账簿扉页填写“账簿启用表”。

如果是自学的社会人员，就自己给自己分工，先假定不同岗位人员的姓名，并在“账簿启用表”写上这些假定的人名，然后在履行该岗位职责的时候，就签上相应的名字。

（2）准备账簿。由于本书所模拟的经济业务不多，从节约出发，一些格式的账户只需几张账页就可以了，所需的账页如表2－1所示。

在校学生和培训班学员可以集体购买几本多栏式、数量金额式账簿，再按每人所需的页数分发到人。上述所列数量均为必需数，未考虑学员因疏忽而作废的账页数量。

（3）准备其他实习材料。除了必需的账簿之外，还需购买2本记账凭证（建议购买通用记账凭证）、1张凭证封面（用于装订记账凭证）、少量装订线（用于装订凭证）、打孔锥子（用于装订凭证）、割纸刀（用于分割本书附件中的原始凭证）等。

表 2-1　实习所需账页数量表

账页格式	数量	用于登记的账户名称
数量金额式	7 页	原材料 3 种，每种设 1 个明细账
		库存商品 2 个品种，每个品种设 1 个明细账
		主营业务收入按销售品种开设 2 个明细账
7 栏式	4 页	生产成本按产品品种开设 2 个明细账
		制造费用开设 1 个明细账
		销售费用 1 张账页开设 2 个明细项目
13 栏或 15 栏式	3 页	管理费用
应交税费（应交增值税）明细账	2 页	应交税费（应交增值税）
出纳日记账	1 本	可以不选购
3 栏式	1 本	余下所有明细账户（约 54 个）
总分类账户	1 本	可以不选购

第二节　资料设定

本书模拟的会计主体“滨江市红星家具厂”是一个以生产木制家具为主营业务的工业加工企业，在持续经营的前提下，模拟该厂 2008 年 12 月份经济业务事项，以人民币作为记账本位币进行会计核算。

（1）该厂为增值税一般纳税人，增值税率 17%，原材料运费允许按 7%计算进项税额抵扣。企业所得税率 25%，税后利润按 10%提取法定盈余公积金；按 5%提取任意盈余公积金。

（2）该厂设有一个基本生产车间，生产“书柜”和“桌子”两种产品。产品成本计算方法采用“品种法”。“生产成本”科目按品种开设明细科目；生产费用在完工产品与在产品之间的分配采用约当产量法。

（3）设置“制造费用”科目，核算基本生产车间发生的共同费用，并按产品生产工人工资分配制造费用。

（4）账务处理程序采用“科目汇总表核算程序”。

（5）固定资产折旧采用分类折旧法，按平均年限法计提固定资产折旧。

（6）材料按计划成本核算，每月计算材料成本差异率；月末一次结转原材料入

库计划成本和材料成本差异。月末一次汇总结转原材料发出成本。

（7）库存商品按实际成本核算，采用“全月一次加权平均法”计算发出单价。

（8）采用备抵法核算坏账损失，设定坏账准备提取率为4‰。

（9）附加税费的计算：城市维护建设税（简称城建税）税率7%；教育费附加计征率3%，其他附加税费不作计提。

（10）按工资总额的2%计提工会经费。

（11）该厂医务室属职工福利性质，职工看病拿药免费。

（12）银行核定该厂库存现金限额为2 000元。

（13）按应付税款法计算应缴所得税。

第三节　登记期初余额

一、期初资料设定

假定从红星家具厂2008年12月1日起所发生的经济业务开始实习，则之前的有关会计资料需要加以设定。运用“会计基础”所学到的知识，开设并登记各明细账。该厂2008年11月份各账户发生额及余额如表2－2所示。

表2－2　滨江市红星家具厂2008年11月各账户发生额及余额表

总分类科目	明细科目	借方发生额	贷方发生额	方向	余额
库存现金		75 543.00	74 489.00	借	1 000.00
银行存款		568 042.26	543 681.00	借	84 856.52
其他货币资金	银行汇票	50 000.00	50 000.00	平	0.00
应收账款	南海华天公司	15 000.00	23 000.00	借	64 000.00
应收账款	江州南华公司			借	5 000.00
应收账款	江州鸿发商场	72 140.00	72 628.78	借	73 840.00
应收账款	余杭市家具商场	116 560.00	33 240.00	借	70 630.00
坏账准备				贷	766.52
其他应收款	李国宝	2 000.00		借	2 000.00
其他应收款	包装物押金（太平公司）	440.00	262.70	借	440.00
材料采购	原木	58 432.00	58 432.00	平	0.00

续上表

总分类科目	明细科目	借方发生额	贷方发生额	方向	余额
材料采购	木板	69 256.00	69 256.00	平	0.00
材料采购	丝钉	2 356.00	2 356.00	平	0.00
原材料	明细表见图 2－11	139 460.00	126 470.00	借	128 600.00
材料成本差异	原材料成本差异	7 701.27	－3 805.26	贷	3 760.00
库存商品	明细表见图 2－12	225 674.00	236 870.00	借	120 800.00
生产成本	明细表见图 2－15、图 2－16	241 842.05	240 541.53	借	39 400.00
待摊费用	财产保险费		600.00	借	600.00
固定资产	生产用			借	655 380.00
固定资产	非生产用			借	656 572.42
累计折旧			5 684.47	贷	262 892.00
制造费用		14 732.23	14 732.23	平	0.00
短期借款	滨江市工行			贷	250 000.00
应付账款	西南木材公司	58 642.00	116 346.91	贷	32 229.00
应付账款	关西木材供应站	23 000.00	56 200.00	贷	77 200.00
其他应付款	工会	1 050.87	1 050.87	平	0.00
其他应付款	代扣水电费	3 054.00	3 054.00	平	0.00
其他应付款	代扣伙食费	9 876.00	9 786.00	平	0.00
应付职工薪酬	职工工资	72 543.46	72 543.46	平	0.00
应付职工薪酬	职工福利	4 592.90	7 356.08	贷	17 478.17
应交税费	应交所得税	3 467.87	4 449.47	贷	4 449.47
应交税费	未交增值税	18 879.00	21 242.52	贷	21 242.52
应交税费	应交城建税	3 176.25	1 486.98	贷	1 486.98
应交税费	应交增值税	43 350.00	43 350.00	平	0.00
应交税费	教育费附加	1 204.10	637.27	贷	637.28
预提费用	借款利息		2 500.00	贷	5 000.00
实收资本	国际实业有限公司			贷	700 000.00
实收资本	新世纪公司			贷	200 000.00

续上表

总分类科目	明细科目	借方发生额	贷方发生额	方向	余额
实收资本	惠福酒店			贷	100 000. 00
资本公积				贷	10 892. 00
盈余公积	法定盈余公积			贷	17 625. 00
盈余公积	法定公益金			贷	8 810. 00
利润分配		241 516. 75	255 000. 00	贷	188 650. 00
主营业务收入	书柜	151 000. 00	151 000. 00	平	0. 00
主营业务收入	桌子	104 000. 00	104 000. 00	平	0. 00
主营业务成本	书柜	129 340. 00	129 340. 00	平	0. 00
主营业务成本	桌子	77 231. 00	77 231. 00	平	0. 00
营业税金及附加		2 124. 25	2 124. 25	平	0. 00
销售费用	运输费	1 000. 00	1 000. 00	平	0. 00
管理费用		29 321. 50	29 321. 50	平	0. 00
财务费用	利息支出	2 500. 00	2 500. 001	平	0. 00
所得税		4 449. 47	4 449. 47	平	0. 00
合计		2 644 498. 23	2 644 498. 23		

二、账簿的登记

1. 三栏式账簿的登记

表 2 -2 给出了适宜采用三栏式账户登记的各账户 11 月份本月发生额和月末余额。这些数据实际上已经在账簿上登记了，只是我们要用一个新账簿来进行实习，就需要把这些数据抄过来。大家应根据表 2 -2 各账户发生额及余额逐个登记。

例如：出纳岗位需要登记的日记账（以银行存款为例），应选购《出纳日记账》或《银行存款日记账》、《现金日记账》进行登记，为了节约实习成本，可以采用活页的三栏式账页进行登记，其格式和日记账的格式基本相同。

提示

我们必须明白：实际工作中是不能够这样节省的，必须采用订本式账簿进行登记。

三栏式账簿登记步骤示范

下面以“应交税费——应交所得税”为例演示三栏式账簿的登记过程。

【步骤一】　在两条横线上标出账户名称：应交税费明细账如图2－1所示。

应交税费明细账

年		凭证编号	摘　要	借　方	贷　方	借或贷	余　额
月	日						

图2－1　在两条横线上标出账户名称

【步骤二】　在左上角虚线上（有些账簿标出"账户名称"字样）写上明细账或二级明细账的账户名称：应交所得税，如图2－2所示。

应交税费明细账

应交所得税

年		凭证编号	摘　要	借　方	贷　方	借或贷	余　额
月	日						

图2－2　标出明细账名称"应交所得税"

【步骤三】　填上日期、所属的会计年度：2008年。结账日期：11月30日。如图2－3所示。

应交税费明细账

应交所得税

2008年		凭证编号	摘　要	借　方	贷　方	借或贷	余　额
月	日						
11	30						

图2－3　该明细账的登记日期

【步骤四】 将11月发生额合计和月末余额“抄”过来，并在“借或贷”栏标明余额的方向（本例是贷方余额，应在该栏写“贷”字样），如图2-4所示。

应交税费明细账

应交所得税

2008年		凭证编号	摘要	借方	贷方	借或贷	余额
月	日						
11	30		本月合计	3 467.87	4 449.47	贷	4 449.47

图2-4 填写摘要金额

这个账户的“期初余额”就“登记”完毕。

提示

在登记账页的过程中，有5点需要注意。

（1）书写格式：金额书写位置应占格距的1/2，不能写满格。实际账簿中标明万、千、百、十、元、角、分等的金额位置，不存在分节号和小数点的书写，这里采用的格式是为了方便印刷。

正确的写法如图2-5所示。

不规范的写法主要有以下几种。

不规范写法之一：数字在格距居中，如图2-6所示。

百	十	万	千	百	十	元	角	分
			5	6	5	9	4	0

图2-5 规范金额书写

百	十	万	千	百	十	元	角	分
			5	6	5	9	4	0

图2-6 不规范金额书写——数字在格距居中

不规范写法之二：数字满格，如图2-7所示。

不规范写法之三：数字在格的上方，如图2-8所示。

百	十	万	千	百	十	元	角	分
			5	6	5	9	4	0

图2-7 不规范金额书写——数字满格

百	十	万	千	百	十	元	角	分
			5	6	5	9	4	0

图2-8 不规范金额书写——数字居上

此外，许多会计人员习惯数字连写，这也是不规范的写法，数字必须一个一个地写，不能把数字连成一串。

(2) 当余额为0时，应在余额栏“元”位上以“θ”符号表示该账户余额为零，并在“借或贷”栏标明余额的方向“平”，如图2-9所示。

借或贷	十	万	千	百	十	元	角	分
平						θ		

图2-9 余额为零的手写符号

备注：图2-9为手写符号，本书在印刷上只输出“0”。

(3) 不需在金额数字前置“¥”符号。除原始凭证外，登记账簿和编制记账凭证均不需前置币种符号。

(4) 划红线。对于需要结出本月发生额合计的账户，在“本月合计”栏下面通栏划单红线。而不需要结出本月发生额合计的账户，则应在该账户本月最后一笔发生额下面通栏划单红线。

如果不结计“本年累计”，则每月只划一条单红线。有些会计人员根据《关于〈会计基础工作规范〉的说明》，对于需要结出本月发生额合计的账户，既在该账户本月最后一笔发生额下面通栏划单红线，又在“本月合计”栏下面通栏划单红线。这是合乎规范要求的。但它的缺点是：当每月只有一笔发生额时，我们看到的是每行都是红线。在本书中，我们采用“每月只划一条红线”，年度终了划双红线的方法，如图2-10所示。

应交税费明细账

应交所得税

2008 年		凭证编号	摘 要	借 方	贷 方	借或贷	余 额
月	日						
11	30		本月合计	3 467.87	4 449.47	贷	4 449.47

图2-10 在“本月合计”栏下面通栏划单红线

(5) 不需写分节号。

实际账簿有固定格式，不需写分节号。

【实习 001】根据资料表 2－2 所列资料开设相应的三栏式明细账，并登记入相应账页。

数量金额式账簿的登记

需要对其数量、单价、金额进行计量的账户应采用数量金额式账页进行登记，主要账户有：原材料、库存商品、低值易耗品、包装物等实物资产，本书重点模拟原材料和库存商品两个账户。此外，为了核算销售商品数量，企业也可以采用数量金额式账页登记主营业务收入账户。需采用“数量金额式”账页登记的账户有关资料如图 2－11 ～ 图 2－13 所示。

11月原材料库存明细表

材料名称	单位	本月增加合计			本月减少合计			月未结存		
		数量	计划单价	金额	数量	计划单价	金额	数量	计划单价	金额
原木	立方米	149.0	800.00	119 200.00	135.1	800.00	108 080.00	80.0	800.00	64 00.00
木板	平方米	228.0	45.00	10 260.00	222.0	45.00	9 990.00	1 220.0	45.00	54 900.00
丝钉	公斤	250.0	40.00	10 000.00	210.0	40.00	8 400.00	242.5	40.00	9 700.00
合计				139 460.00			136 470.00			128 600.00

图 2－11　11 月原材料库存明细表

11月主营业务收入明细表

材料名称	单位	本月增加合计			本月减少合计			月未结存		
		数量	单价	金额	数量	单价	金额	数量	单价	金额
书柜	个	465.0	213.00	99 044.00	659.0	208.97	137 710.00	320.0	210.00	67 200.00
桌子	张	945.0	134.00	126 630.00	740.0	134.00	99 160.00	400.0	134.00	53 600.00
合计				225 674.00			236 870.00			120 800.00

图 2－12　11 月产品库存明细表

11月主营业务收入明细表

材料名称	单位	本月销售成本			本月销售收入			月未结存		
		数量	单价	金额	数量	单价	金额	数量	单价	金额
书柜	个	580	223.00	129 340.00	580	260.34	151 000.00	0		0
桌子	张	593	130.24	77 231.00	593	175.38	104 000.00	0		0
合计				206 571.00			255 000.00			0

图 2－13　11 月主营业务收入明细表

对“原材料——原木”进行明细账户登记，其结果如图2－14所示。

原材料明细账

材料类别（名称）：原木　　　　　　　　　　　　　　　　　　　计量单位　　立方米

2008年		凭证编号	摘　要	借　方			贷　方			余　额		
月	日			数量	单价	金额	数量	单价	金额	数量	单价	金额
11	30		月末结存	149	800.00	119 200.00	135.1	800.00	108 080.00	80	800.00	64 000.00

图2－14　11月原材料明细账—原木

数量金额式账页的表头有很多项目，我们在实际工作中应尽量填写齐全，比如："存放地点"项，规模较大的企业可能不止一个材料仓库，这就要求写明××材料仓库等。

【实习002】根据资料表2－4资料开设数量金额式明细账，并登记入相应账页。

多栏式账簿的登记

多栏式账页的格式主要有7栏式、13栏式、15栏式和17栏式。其中，7栏式账页共有7个明细项目栏，其中一栏用于合计，实际可用于登记明细项目的只有6栏，适合于明细项目较少、但用三栏式账页登记又不便于汇总的账户。一般有：生产成本、制造费用、营业费用等。13栏以上一般用于登记明细项目较多的费用账，如管理费用等。

采用多栏式账页登记的账户11月发生额及余额情况如表2－3、图2－15～图2－18所示。

表2－3　11月月末在产品成本明细表

产品名称	月末结存数量	成本项目			金额合计
		直接材料费	直接人工费	制造费用	
书柜	220个	14 940. 00	6 723. 00	1 822. 68	23 485. 68
桌子	215张	10 123. 83	4 555. 38	1 235. 11	15 914. 32
合计		25 063. 83	11 278. 38	3 057. 79	39 400. 00

生产成本明细账

产品名称：书柜

2008年 月	日	凭证编号	摘要	合计	直接材料	直接人工	制造费用
11	30		生产费用合计	122 529.68	85 560.26	26 060.46	10 908.96
11	30	61	结转完工产品成本	99 044.00	70 620.26	19 337.46	9 086.28
11	30		月末在产品成本	23 485.68	14 940.00	6 723.00	1 822.68

图 2－15 生产成本明细账——书柜

生产成本明细账

产品名称：桌子

2008年 月	日	凭证编号	摘要	合计	材料费	直接人工	制造费用
11	30		生产费用合计	149 914.32	104 123.83	36 555.38	9 235.11
11	30	61	结转完工产品成本	134 000.00	94 000.00	32 000.00	8 000.00
11	30		月末在产品成本	15 914.32	10 123.83	4 555.38	1 235.11

图 2－16 生产成本明细账——桌子

制造费用明细账

基本生产车间

2008年 月	日	凭证编号	摘要	合计	办公费	水电费	折旧费	工资及福利费	修理费
11	30		制造费用合计	14 732.23	210.00	6 916.86	2 132.56	2 014.56	3 458.25
11	30	62	结转分配制造费用	14 732.23	210.00	6 916.86	2 132.56	2 014.56	3 458.25
11	30		月末余额	0.00					

图 2－17 制造费用明细账

销售费用明细账

2008年 月	日	凭证编号	摘要	合计	广告费	运输费			
11	31	67	转入利润账户	1 000.00		1 000.00			
11	30		本月合计	0.00					

图 2－18 销售费用明细账

这些账户的特点是没有明显地标明借贷方，需要根据账户的性质决定数字登记的方向。这里所列举的生产成本、制造费用和销售费用均是成本费用类账户，都是借方登记增加数、贷方登记减少数的账户。所以，当记账凭证指明该账户的登记方向是借方时，用蓝字登记入账；当记账凭证指明该账户的登记方向是贷方时，用红字登记入账。

以“销售费用明细账”（图2－18）为例，11月第68号记账凭证的摘要是“结转销售费用”，其分录为：

借：本年利润　　　　　　　　　　　　　1 000

　　贷：销售费用——运输费　　　　　　　　　　1 000

在登账时，用红字反映“销售费用”贷方发生额。

“管理费用”账户的登记原理和7栏式账页一样，只是由于管理费用需要核算的明细项目较多，13栏乃至17栏的设置使账页无法在一个页面完全显示，形成了管理费用需要两账页连起来组成一页的特有格式，如图2－19、图2－20所示。

管理费用明细账

2008年		凭证编号	摘　　要	合计	工资及福利费	差旅费	办公费	修理费
月	日							
11	30		管理费用合计	29 321.50	16 899.50	2 078.64	823.56	2 218.00
11	30	66	转入利润账户	29 321.50	16 899.50	2 078.64	823.56	2 218.00
11	30		月末余额	0.00				

图2－19　管理费用明细账（左页）

图2－19是13栏式的管理费用明细账左页，只能排下日期、凭证编号、摘要和4个项目栏。图2－20是管理费用明细账右页，由于没有摘要栏，必须和左页一起看，允许留有空白的项目栏。

水电费	业务接待费	折旧费	保险费	工会经费	其他		
1 245.36	660.00	2 801.55	600.00	1 465.33	529.56		
1 245.36	660.00	2 801.55	600.00	1 465.33	529.56		

图2－20　管理费用明细账（右页）

【实习003】根据图2－15～图2－20所列资料开设相应的多栏式明细账，并登记入相应账页（表2－2仅提供数量参考）。

应交税费——应交增值税账簿的登记

该账户的格式既具备三栏式账户基本结构特征，又具有其他多栏式账户划分若干明细项目的特点，如图 2－21、图 2－22 所示。

应交税费（增值税）明细账

2008年		凭证编号	摘 要	借方			
月	日			合计	进项税额	已交税金	转出未交增值税
11	30		本月合计	43 350.00	22 107.48		21 242.52

图 2－21 应交增值税明细账（左页）

图 2－21 是“应交税费——应交增值税”明细账的左页，登记借方发生额及借方合计，图 2－22 是“应交税费——应交增值税”明细账的右页，登记贷方发生额及贷方合计，余额也在右方。

贷方					借或贷	余 额
合计	销项税额	进项税额转出				
43 350.00	43 350.00				平	0.00

图 2－22 应交增值税明细账（右页）

说明：

（1）图 2－21、图 2－22 是应交增值税明细账的简化输出，尚有几个项目被删除，请对照所选购的账页。

（2）实际购买的账簿名称仍然是“应交税金（增值税）明细账”，图 2－21、图 2－22 为教学方便，采用了新准则中的科目名称“应交税费（增值税）明细账”。

【实习 004】根据图 2－21、图 2－22 所列资料开设“应交税费——应交增值税”明细账，并将 11 月的发生额及余额登记入该账页。

第三章　货币资金

上一章中，我们学习了期初余额的登记，其中包括出纳日记账的登记。出纳日记账登记库存现金、银行存款的经济业务，反映这些货币资金的增减变化和结余金额。

货币资金是指企业处于货币形态的资产，包括现金、银行存款和其他货币资金。

第一节　库存现金的核算

一、库存现金的含义

库存现金是指单位为了满足经营过程中零星支付需要而保留的现金。它是存放于企业财会部门、由出纳人员经管的货币，包括库存的人民币和外币。

二、现金管理制度

企业应当严格按照国务院发布的《现金管理制度暂行条例》的规定收支现金，并按照会计制度规定核算各项现金收支业务。

现金管理制度主要包括以下内容。

1. 现金的使用范围

企业可用现金支付的款项有：①职工工资、津贴；②个人劳务报酬；③根据国家规定颁发给个人的科学技术、文化技术、体育等各种奖金；④各种劳保、福利费用以及国家规定的对个人的其他支出；⑤向个人收购农副产品和其他物资的款项；⑥出差人员必须随身携带的差旅费；⑦结算起点以下的零星支出；⑧中国人民银行确定需要支付现金的其他支出。

除上述情况可以用现金支付外，其他款项的支付应通过银行转账结算。

2. 库存现金限额

库存现金限额是指为了保证单位日常零星开支的需要，允许企业留存现金的最高数额。这一限额由开户银行根据单位的实际需要核定，一般按照单位 3 ～ 5 天日常零星开支的需要确定，边远地区和交通不便地区开户单位的库存现金限额，可多于 5 天，但不得超过 15 天的日常零星开支。

核定后的库存现金限额，开户单位必须严格遵守，超过部分应于当日终了前存入

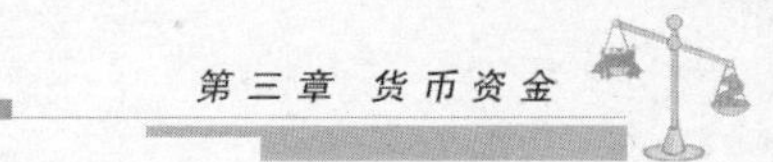

银行。需要增加或减少库存现金限额的单位，应向开户银行提出申请，由开户银行核定。

3. 现金收入的日常管理

开户单位收入现金，应于当日送存开户银行，当日送存确有困难的，由开户银行确定送存时间。

单位支付现金，可以从本单位库存现金中支付或从开户银行提取，不得从本单位的现金收入中直接支付，即不得“坐支现金”，因特殊情况需要坐支现金的单位，应事先将坐支金额及其使用情况报经开户银行审批。

企业从开户银行提取现金时，应如实写明提取现金的用途，由本单位财会部门负责人签字盖章，并经开户银行审查批准后予以支付。

因采购地点不确定、交通不便、抢险救灾及其他特殊情况必须使用现金的单位，应向开户银行提出书面申请，由本单位财会部门负责人签字盖章，并经开户银行审查批准后予以支付。

出纳人员必须每天进行清点结算，做到日清日结。即出纳人员在每天下班前，要对实际库存现金和现金日记账上的账面余额相互核对，发现账实不符时应及时查明原因并予以处理。

此外，不准用不符合财务制度的凭证顶替库存现金，即不得“白条顶库”；不准谎报用途套取现金；不准用银行账户代其他单位和个人存入或支取现金；不准用单位收入的现金以个人名义存入储蓄，不准保留账外公款，即不得“公款私存”，不得设置“小金库”等。银行对于违反上述规定的单位，将按照违规金额的一定比例予以处罚。

4. 现金管理的内部控制制度

单位内部会计监督制度，也称内部控制制度，是指单位为了保证经济业务活动的有效进行，保护资产的安全、完整，发现、防止和纠正错误与舞弊，保证会计资料的真实、完整而制定和实施的政策和程序。现金管理的内部控制制度主要包括：

- 出纳岗位责任制度
- 内部牵制制度（即钱账分管制度）
- 内部稽核制度
- 现金收支管理制度
- 现金保管制度
- 现金盘点制度

企业的会计人员必须职责权限明确，记账人员与现金收支业务的审批人员、经办人员、现金保管人员相互分离、相互制约。如现金的支付，应由会计主管人员或其授权的代理人审核、批准，出纳人员付款，记账人员记账，这三种相关人员其岗位属于不相容岗位，必须分离。即不能由一个人同时办理现金支付业务的全过程。

三、现金收支的账务处理

（1）从银行提取现金，根据支票存根记载的提取金额，借记本科目，贷记“银行存款”科目；将现金存入银行，根据银行退回给收款单位的收款凭证联，借记“银行存款”科目，贷记本科目。

【例3－1】　2008年12月11日滨江市红星家具厂开出现金支票一张，由出纳员张大千向银行提取备用现金1 500元。

原始凭证025号：现金支票，如图3－1所示。

中国工商银行
现金支票存根
XIV09284977
附加信息
出票日期 2008年12月11日
收款人：张大千
金　额：1 500.00
用　途：备用金
单位主管××× 会计×××

本支票付款期十天

中国工商银行现金支票　XIV09284977
出票日期（大写）贰零零捌年壹拾贰月壹拾壹日　付款行名称：工商银行滨江分行
收款人：张大千　出票人账号：2005085878

人民币（大写）	亿	千	百	十	万	千	百	十	元	角	分
壹仟伍佰元整					¥	1	5	0	0	0	0

用途：备用金
上列款项请从
我账户内支付
出票人签章
（滨江市红星家具厂预留印鉴）　复核　记账

图3－1　现金支票

提示

（1）原始凭证编号是编者按经济业务发生时间的先后顺序安排的标识符号，凡标有编号的原始凭证，将作为本书连贯性讲解的资料，在本书附件中也将体现出来。没有编号的原始凭证是临时举例的样本，与整个实习过程毫无关系。

（2）记账凭证编号是根据经济业务发生时间及时填制记账凭证所编的顺序号，没有编号或（标出×号）的记账凭证是临时举例的样本，与整个实习过程毫无关系。

（3）图3－1是一张中国工商银行现金支票的式样。真正的支票是有严格的尺寸规定的：8 cm×22.5 cm。本书所有原始凭证均只提供参考式样，并非格式、内容分毫不差。同时，由于编写时间与阅读时间的差异，某些票据可能已经改变格式。

根据图3－1第025号原始凭证的存根（俗称支票头，规格：8cm×5.5cm，即支票最左边的部分），编制记账凭证。

借：库存现金　　1 500.00

　　贷：银行存款　　1 500.00

编制记账凭证格式如下：

①采用分类记账凭证（又称专用记账凭证）的企业，收款凭证编号每月从收字（或银收字、现收字）第1号开始顺序编号；付款凭证编号每月从付字（或银付字、

现付字）第1号开始顺序编号；转账凭证编号每月从转字第1号开始顺序编号。本笔经济业务所编制的付款凭证如图3－2所示。

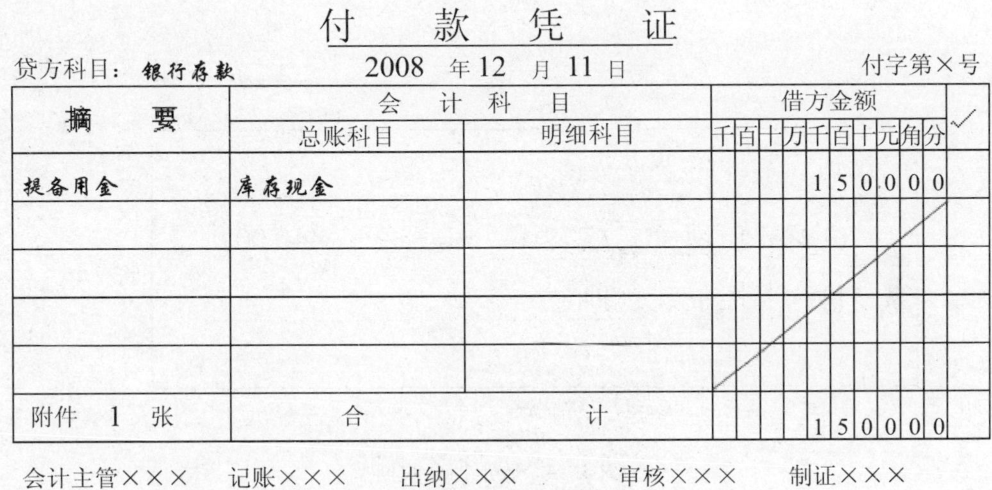

付　款　凭　证

贷方科目：银行存款　　2008　年12　月 11 日　　付字第×号

摘要	会计科目		借方金额										✓
	总账科目	明细科目	千	百	十	万	千	百	十	元	角	分	
提备用金	库存现金						1	5	0	0	0	0	
附件 1 张	合	计					1	5	0	0	0	0	

会计主管×××　记账×××　出纳×××　审核×××　制证×××

图3－2　采用分类凭证编制的付款凭证

②采用通用记账凭证的企业，凭证编号每月从第1号开始顺序编号。根据本笔经济业务编制的通用记账凭证如图3－3所示。

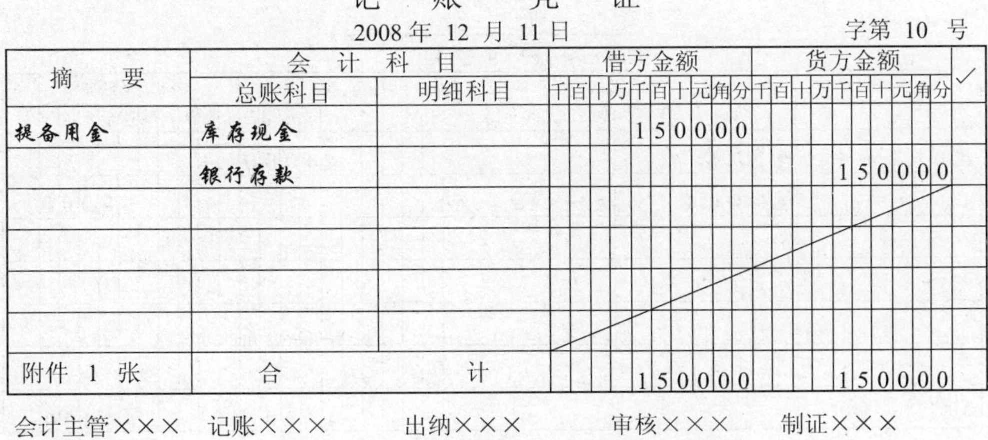

记　账　凭　证

2008年 12 月 11 日　　字第 10 号

摘要	会计科目		借方金额										贷方金额										✓
	总账科目	明细科目	千	百	十	万	千	百	十	元	角	分	千	百	十	万	千	百	十	元	角	分	
提备用金	库存现金						1	5	0	0	0	0											
	银行存款																1	5	0	0	0	0	
附件 1 张	合	计					1	5	0	0	0	0					1	5	0	0	0	0	

会计主管×××　记账×××　出纳×××　审核×××　制证×××

图3－3　采用通用凭证编制的记账凭证

提示

本书中未作特别说明，经济业务均编制通用记账凭证。

【例3－2】　滨江市红星家具厂12月26日退还包装物给滨江市太平公司，同时收回包装物押金 440 元现金。

原始凭证 079 号：普通收据，如图 3－4 所示。

收　　据

No0863

2008年12月26日

今收到　滨江市太平公司

人民币　⊗肆佰肆拾元整　　　　¥440.00元

系　付　退还包装物押金

第一联　收款单位

收款单位：滨江市红星家具厂（财务章）　　收款人：

图 3－4　收退押金收据

上述经济业务引起现金的增加和其他应收款的减少，由于该笔经济业务并非企业的收入，当初是以企业的库存现金支付押金的，因此，在企业当日现金库存没有超过限额的前提下，可以不送存银行。根据第 079 号原始凭证编制第 35 号记账凭证，如图 3－5 所示。

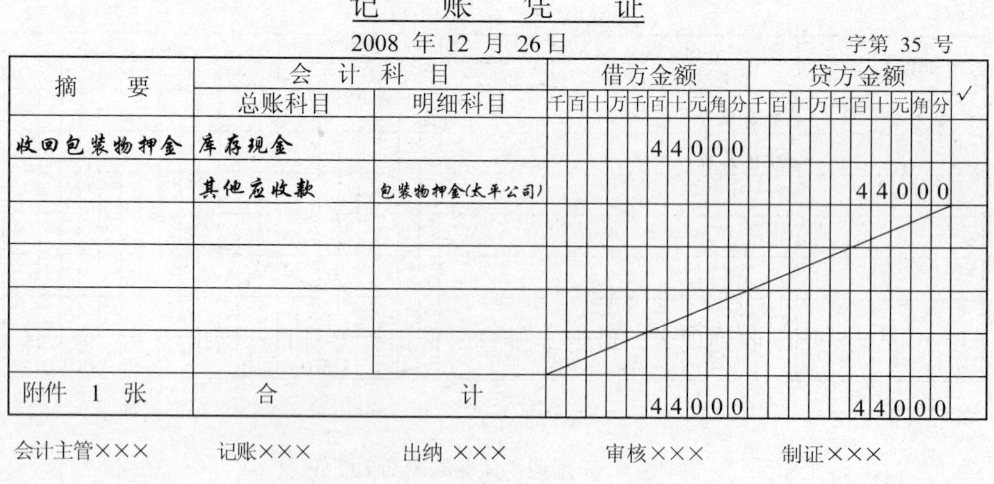

记　账　凭　证

2008 年 12 月 26 日　　　　字第 35 号

摘要	会计科目		借方金额										贷方金额										✓
	总账科目	明细科目	千	百	十	万	千	百	十	元	角	分	千	百	十	万	千	百	十	元	角	分	
收回包装物押金	库存现金							4	4	0	0	0											
	其他应收款	包装物押金(太平公司)																4	4	0	0	0	
附件 1 张	合	计						4	4	0	0	0						4	4	0	0	0	

会计主管×××　记账×××　出纳 ×××　审核×××　制证×××

图 3－5　收到退还押金编制的记账凭证

（2）因支付职工出差费用等原因所需的现金，按支出凭证所记载的金额，借记

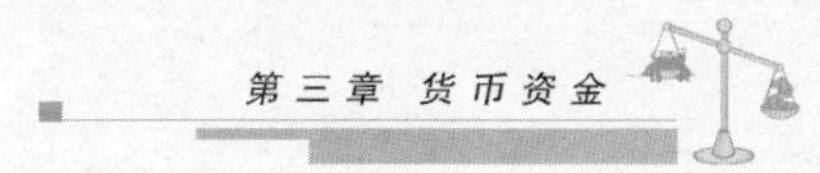

"其他应收款"等科目，贷记本科目；收到出差人员交回的差旅费剩余款并结算时，按实际收回的现金，借记本科目，按应报销的金额，借记"管理费用"等科目，按实际借出的现金，贷记"其他应收款"科目。

【例3－3】 滨江市红星家具厂办公室李国宝出差回来报销差旅费2 070元。

原始凭证021号：差旅费报销单，如图3－6所示。

差旅费报销单

填制日期： 2008 年 12 月 8 日

单位：办公室　　出差人：李国宝　　事由：参加企业管理研讨会

起止日期	往返地点	车船费	住宿费	会议费	天数	出差补助	合计
12.1～12.7	滨江-江州	280.00	600.00	1 050.00	7	140.00	2 070.00
合　　计		280.00	600.00	1 050.00	7	140.00	2 070.00
附件张数	13 张	预借差旅费 2 000.00 元			出差人签名：李国宝		

图3－6 差旅费报销单

第021号原始凭证是一张原始凭证汇总表（其所附的13张原始凭证张贴在"差旅费报销单"背面，本书略），有些地方或单位印制的"差旅费报销单"设有审核、审批栏，财会部门应在审核栏签署意见，授权审批费用开支的领导人应在审批栏签署意见（见例2－4）。有些"差旅费报销单"则没有设置审核、审批栏，财会部门、授权审批费用开支的领导人可在"差旅费报销单"空白处签署意见。

出差人报销金额大于预借款金额，出纳人员以现金支付差额时，应另开一张有收款人签收的"收据"作为支付现金和冲减"其他应收款"的依据，不得将原借据归还借款人。

原始凭证022号：收据，如图3－7所示。

根据第021、022号原始凭证编制记账凭证（注意附件张数），如图3－8所示。

（3）因其他原因收到现金，借记本科目，贷记有关科目；支出现金，借记有关科目，贷记本科目。

【例3－4】 滨江市红星家具厂办公室李光大于12月16日报销业务接待费380元（原始凭证共5张），以现金支付。

原始凭证040～044号：定额发票，如图3－9～图3－13所示。

收　据

No08462
2008年12月08日

今收到　财务科

人民币　⊗柒拾元整　　　　　　¥70.00元

系　付　报销差旅费扣除借款后差额

第二联　付款单位

收款人签章：李国宝

图3－7　收退回差旅费收据

记　账　凭　证

2008 年 12 月 8 日　　　　字第 7 号

摘　要	会计科目		借方金额										贷方金额										✓
	总账科目	明细科目	千	百	十	万	千	百	十	元	角	分	千	百	十	万	千	百	十	元	角	分	
李国宝报销差旅费	管理费用	差旅费					2	0	7	0	0	0											
	其他应收款	李国宝															2	0	0	0	0	0	
	库存现金																		7	0	0	0	
附件 15 张	合	计					2	0	7	0	0	0					2	0	7	0	0	0	

会计主管×××　　记账×××　　出纳 ×××　　审核×××　　制证×××

图3－8　支付差旅费编制的记账凭证

××省滨江市服务业定额发票

发　票　联

No12292703

顾客名称：滨江市红星家具厂

人民币金额　贰　佰　元

收款人：　　　　收款单位（盖章）

（顾客报销凭证）　　2008　年　12　月 15　日

抽奖电话：3426000 拨通后按语音提示操作　投诉电话：3420110

图3－9　200元定额发票

××省滨江市服务业定额发票

发 票 联

№12292718

顾客名称：滨江市红星家具厂

人民币金额 壹 佰 元

收款人： 收款单位（盖章）

（顾客报销凭证） 2008 年 12 月 15 日

抽奖电话：3426000 拨通后按语音提示操作 投诉电话：3420110

图 3－10 100 元定额发票

××省滨江市服务业定额发票

发 票 联

№12292719

顾客名称：滨江市红星家具厂

人民币金额 伍 拾 元

收款人： 收款单位（盖章）

（顾客报销凭证） 2008 年 12 月 15 日

抽奖电话：3426000 拨通后按语音提示操作 投诉电话：3420110

图 3－11 50 元定额发票

××省滨江市服务业定额发票

发 票 联

№12292766

顾客名称：滨江市红星家具厂

人民币金额 贰 拾 元

收款人： 收款单位（盖章）

（顾客报销凭证） 2008 年 12 月 15 日

抽奖电话：3426000 拨通后按语音提示操作 投诉电话：3420110

图 3－12 20 元定额发票

××省滨江市服务业定额发票

发 票 联

No12292531

顾客名称：滨江市红星家具厂

人民币金额 壹 拾 元

收款人： 收款单位（盖章）

（顾客报销凭证） 2008 年 12 月 15 日

抽奖电话：3426000 拨通后按语音提示操作 投诉电话：3420110

图 3－13 10 元定额发票

以上 5 张原始凭证属于同一经济业务，而且经济业务发生的时间也相同，可以汇总填制在一张记账凭证上。

出纳员在对该笔经济业务付款之前，必须对下列事项进行审核（假定原始凭证全部合法）：①经办人李光大是否已经在每张原始凭证的背面签名？②财会部门是否已经加具审核意见？③授权审批财务开支的单位领导是否已经签署同意支付意见？

上面审核内容中，每张原始凭证的背面必须有经办人的签名，后两项也是不可缺少的。如果原始凭证很多，则审查、审批人员需要签名的次数也很多，不利于提高工作效率。如果采用原始凭证汇总表对原始凭证进行汇总审批，则审核、审批人员只需在“原始凭证汇总表”上签名就可以了。

原始凭证 045 **号**：原始凭证汇总表，如图 3－14 所示。

原始凭证汇总表

经办人：李光大 填制日期：2008年12月16日

项 目	事由	金额	附件张数
餐费	业务接待	380.00	5
合 计		380.00	5
财会部门审核意见		领导批示	
已核		同意报销	
签名：×××2008年12月16日		签名：××× 2008年12月16日	

图 3－14 餐费原始凭证汇总表

所附的5张餐费发票应按阶梯型，用胶水粘贴在原始凭证汇总表的背面。在计算记账凭证所附原始凭证张数时，原始凭证汇总表本身也是一张原始凭证，本例应在记账凭证的“附件”行中填写“6张”。

根据以上原始凭证编制记账凭证，如图3－15所示。

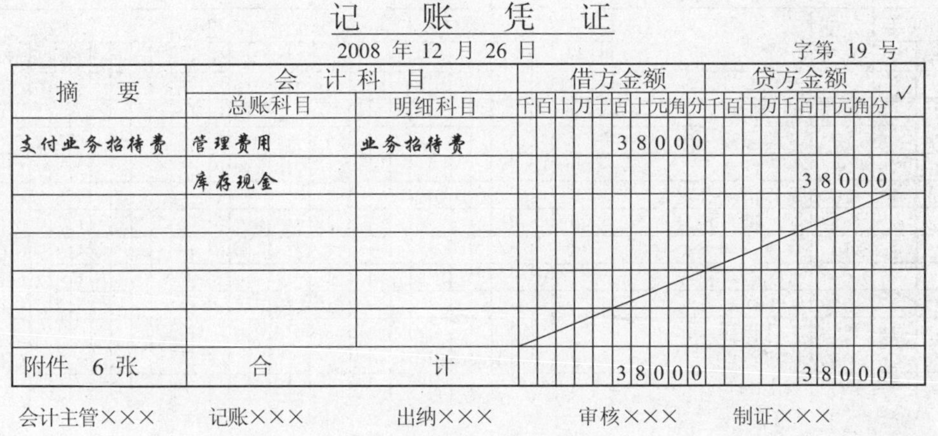

记　账　凭　证

2008 年 12 月 26 日　　　　字第 19 号

摘　要	会计科目		借方金额	贷方金额	✓
	总账科目	明细科目	千百十万千百十元角分	千百十万千百十元角分	
支付业务招待费	管理费用	业务招待费	38000		
	库存现金			38000	
附件 6 张	合	计	38000	38000	

会计主管×××　记账×××　出纳×××　审核×××　制证×××

图3－15　支付业务招待费编制的记账凭证

27

【堂上练习1】红星家具厂办公室司机黄发报销小车加油费，根据第023号原始凭证（图3－16）编制第8号记账凭证。

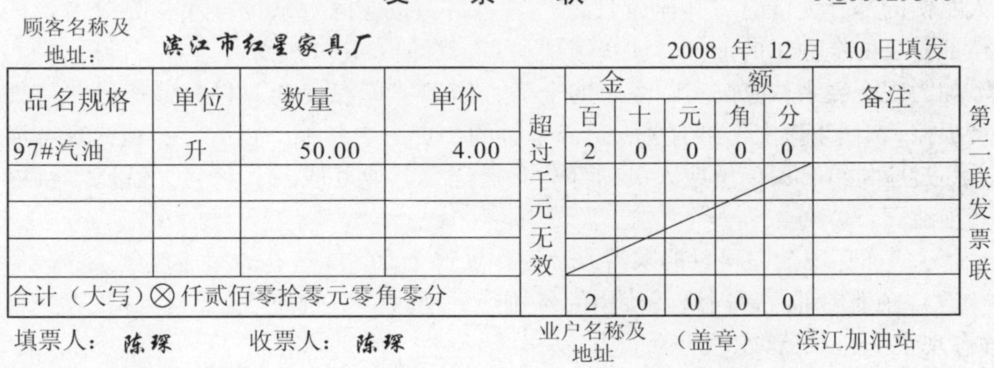

中石化股份有限公司滨江石油分公司石油销售发票

发　票　联　　　　No00029346

顾客名称及地址：滨江市红星家具厂　　　　2008 年 12 月 10 日填发

品名规格	单位	数量	单价	超过千元无效	金额 百	十	元	角	分	备注
97#汽油	升	50.00	4.00		2	0	0	0	0	
合计（大写）⊗仟贰佰零拾零元零角零分					2	0	0	0	0	

第二联发票联

填票人：陈琛　收票人：陈琛　业户名称及地址（盖章）滨江加油站

图3－16　加油站开出的发票（第023号原始凭证）

（4）企业应当设置“现金日记账”，由出纳人员根据收付款凭证，按照业务发生顺序逐笔登记。每日终了，应当计算当日的现金收入合计数、现金支出合计数和账面余额，并将账面余额与实际库存数核对，做到账款相符。有外币现金的企业，应当按人民币和各种外币分别设置“现金日记账”进行明细核算。如图 3 – 17 所示。

现金日记账

2008年		凭证编号	摘要	借方金额										贷方金额										借或贷	余额									
月	日			千	百	十	万	千	百	十	元	角	分	千	百	十	万	千	百	十	元	角	分		千	百	十	万	千	百	十	元	角	分
11	30		本月合计				7	5	5	4	3	0	0				7	4	4	8	9	0	0	借					1	0	0	0	0	0
12	6	5	支付运费																3	6	0	0	0	借						6	4	0	0	0
12	8	7	李国宝报支差旅费																	7	0	0	0	借						5	7	0	0	0
12	10	8	小车汽油费																2	0	0	0	0	借						3	7	0	0	0
12	11	10	提备用现金					1	5	0	0	0	0											借					1	8	7	0	0	0
12	12	11	刨木机报废清理费																1	0	0	0	0	借					1	7	7	0	0	0
12	16	19	支付业务接待费																3	8	0	0	0	借					1	3	9	0	0	0
12	17	21	提现金备发工资				6	0	2	3	6	0	8											借				6	1	6	2	6	0	8
12	17	22	发工资														6	0	2	3	6	0	8	借					1	3	9	0	0	0
12	18	25	支付运费																9	0	0	0	0	借						4	9	0	0	0
12	26	35	收回押金						4	4	0	0	0											借						9	3	0	0	0

图 3 – 17　现金日记账

图 3 – 17 是红星家具厂 12 月份的现金日记账，该厂由于现金收付业务少，因此，每办完一笔收付款业务都及时结出账面余额。如果每天现金收发业务量较大的话，可以每日结出账面余额。

（5）每日终了结算现金收支、财产清查等发现的现金短缺或溢余，应当计入当期损益。

如为现金短缺，借记“待处理财产损益”，贷记“库存现金”科目，属于应由责任人赔偿的部分，借记“其他应收款”等科目，按实际短缺的金额扣除应由责任人赔偿部分后的金额，借记“管理费用”科目，贷记“待处理财产损益”科目。

如为现金溢余，应按实际溢余的金额，借记“库存现金”科目，贷记“待处理财产损益”，属于应支付给有关人员或单位的，贷记“其他应付款”科目，现金溢余金额超过应付给有关单位或人员的部分，贷记“营业外收入”科目，借记“待处理财产损益”。

（6）“库存现金”科目期末借方余额，反映企业实际持有的库存现金。

（7）企业内部各部门周转使用的备用金，通过“其他应收款”科目核算，不在“库存现金”科目核算。

第二节　银行存款的核算

一、银行存款科目的核算内容

“银行存款”科目核算企业存入银行的各种存款。银行存款是指企业存放于银行的货币资金。企业将款项存入银行或其他金融机构时，借记本科目，贷记“库存现金”等有关科目；提取和支出存款时，借记“库存现金”等有关科目，贷记本科目。企业如有存入其他金融机构的存款，也在本科目核算。

企业应当严格按照由中国人民银行发布的《支付结算方法》办理银行存款收支业务的结算，并按照会计制度规定进行核算。

二、结算方式与账务处理

（1）采用银行汇票方式。

收款单位应当将汇票、解讫通知和进账单送交银行，根据银行退回的进账单和有关的原始凭证编制记账凭证；付款单位应在收到银行签发的银行汇票后，根据“银行汇票申请书（存根）”编制记账凭证。如有多余款项或因汇票超过付款期等原因而退款时，应根据银行的多余款收账通知编制记账凭证。

【例3－5】　滨江市红星家具厂12月12日向银行申请开具一张金额为56 200元的银行汇票，准备用于支付前欠关西木材供应站货款。

原始凭证032号：银行汇票存根，如图3－18所示。

No 0008461

中国工商银行汇票申请书（存根）　　1

委托日期　2008年12月12日

<table>
<tr><td>申请人</td><td>滨江市红星家具厂</td><td>收款人</td><td colspan="11">关西木材供应站</td><td rowspan="4">此联收款人留存</td></tr>
<tr><td>账号或地址</td><td>2005085878</td><td>账号或地址</td><td colspan="11">2005096789</td></tr>
<tr><td>用　途</td><td>付前欠货款</td><td>代理付款行</td><td colspan="11"></td></tr>
<tr><td rowspan="2">汇款金额</td><td rowspan="2">人民币
（大写）</td><td rowspan="2">⊗伍万陆仟贰佰元整</td><td>千</td><td>百</td><td>十</td><td>万</td><td>千</td><td>百</td><td>十</td><td>元</td><td>角</td><td>分</td><td></td></tr>
<tr><td></td><td></td><td>¥</td><td>5</td><td>6</td><td>2</td><td>0</td><td>0</td><td>0</td><td>0</td><td></td></tr>
</table>

图3－18　汇票申请书

第032号原始凭证仅证明滨江市红星家具厂56 200元由一种货币资金形态（银行存款）转化为另一种货币资金形态（其他货币资金），并没有发生清偿债务的经济业务。当有需要的时候，红星家具厂可以随时将该汇票金额转回本企业的银行存款账户。因此，在收到银行签发的银行汇票后，根据“银行汇票申请书”存根联编制记账凭证，如图 3－19 所示。

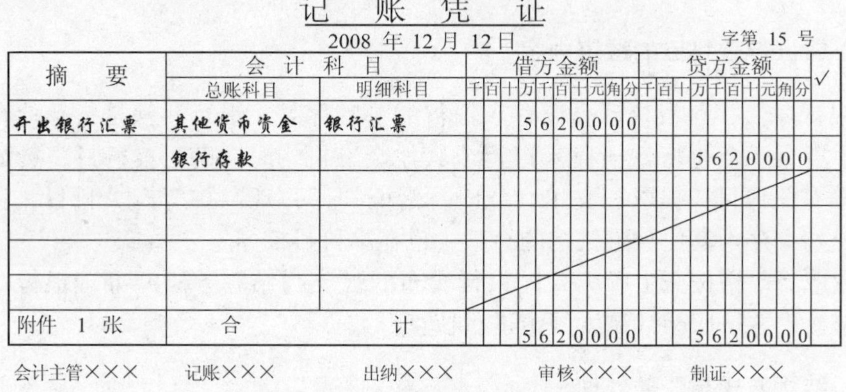

记　账　凭　证

2008 年 12 月 12 日　　字第 15 号

摘要	总账科目	明细科目	借方金额	贷方金额	✓
开出银行汇票	其他货币资金	银行汇票	5620000		
	银行存款			5620000	
附件 1 张	合	计	5620000	5620000	

会计主管×××　记账×××　出纳×××　审核×××　制证×××

图 3－19　开出汇票编制的记账凭证

持该汇票往采购地点采购材料或清偿债务时，将汇票交收款人转入收款人账户或支取现金后，根据银行转来的多余款收账通知贷记“其他货币资金”科目。

【例 3－6】　滨江市红星家具厂 12 月 31 日收到银行转来的银行汇票第四联（多余款收账通知），56 200 元的货款已经全部支付给关西木材供应站，银行汇票的多余款为 0。

原始凭证 087 号：银行汇票多余款收账通知，如图 3－20 所示。

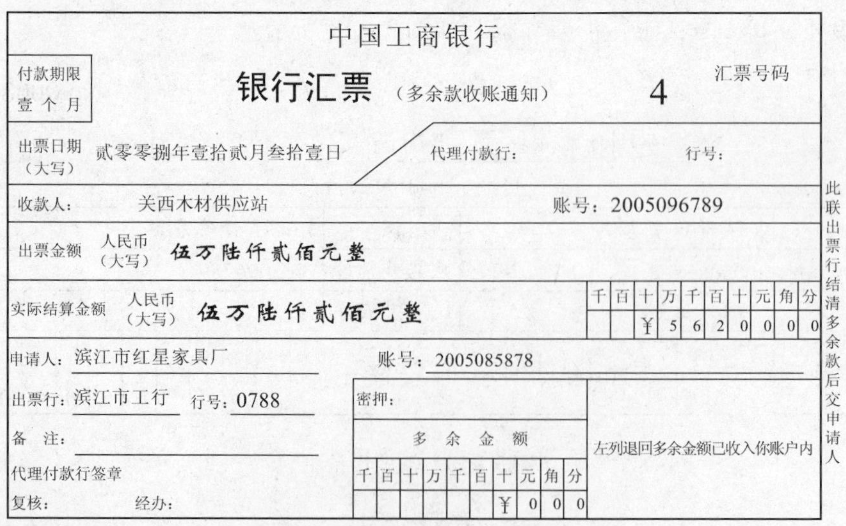

中国工商银行

付款期限 壹个月

银行汇票（多余款收账通知）　4　汇票号码

出票日期（大写）　贰零零捌年壹拾贰月叁拾壹日　代理付款行：　行号：

收款人：关西木材供应站　账号：2005096789

出票金额　人民币（大写）　伍万陆仟贰佰元整

实际结算金额　人民币（大写）　伍万陆仟贰佰元整

千	百	十	万	千	百	十	元	角	分
		¥	5	6	2	0	0	0	0

申请人：滨江市红星家具厂　账号：2005085878

出票行：滨江市工行　行号：0788　密押：

备　注：

代理付款行签章

复核：　经办：

多余金额

千	百	十	万	千	百	十	元	角	分
						¥	0	0	0

左列退回多余金额已收入你账户内

此联出票行结清多余款后交申请人

图 3－20　银行汇票多余款收账通知

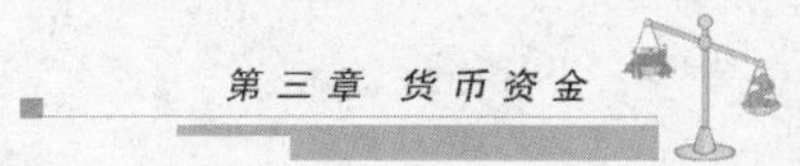

根据银行汇票第四联编制记账凭证，如图 3－21 所示。

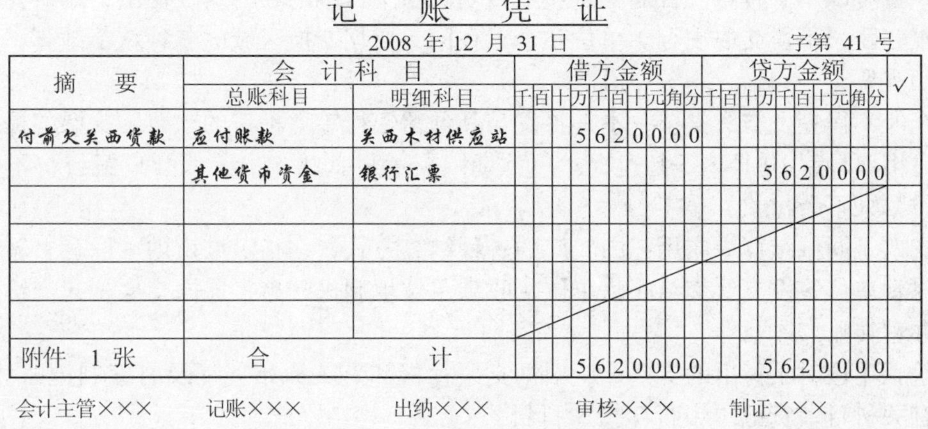

记　账　凭　证

2008 年 12 月 31 日　　字第 41 号

摘要	会计科目		借方金额	贷方金额	✓
	总账科目	明细科目	千百十万千百十元角分	千百十万千百十元角分	
付前欠关西货款	应付账款	关西木材供应站	5620000		
	其他货币资金	银行汇票		5620000	
附件 1 张	合	计	5620000	5620000	

会计主管×××　记账×××　出纳×××　审核×××　制证×××

图 3－21　付欠关西货款编制的记账凭证

（2）采用商业汇票方式。☆

①采用商业承兑汇票方式。收款单位将要到期的商业承兑汇票连同填制的邮划或电划委托收款凭证一并送交银行办理转账，根据银行盖章退回的收账通知，据以编制记账凭证；付款单位在收到银行的付款通知时，据以编制记账凭证。

②采用银行承兑汇票方式。收款单位将要到期的银行承兑汇票连同填制的邮划或电划委托收款凭证一并送交银行办理转账，根据银行的收账通知，据以编制记账凭证；付款单位在收到银行的付款通知时，据以编制记账凭证。收款单位将未到期的商业汇票向银行申请贴现时，应按规定填制贴现凭证，连同汇票一并送交银行，根据银行的收账通知，据以编制记账凭证。

（3）采用银行本票方式。☆

收款单位按规定受理银行本票后，应将本票连同进账单送交银行办理转账，根据银行盖章退回给收款单位的收款凭证联和有关原始凭证编制记账凭证；付款单位在填送“银行本票申请书”并将款项交存银行，收到银行签发的银行本票后，根据申请书存根联编制记账凭证。因银行本票超过付款期限或其他原因要求退款时，在交回本票和填制的进账单经银行审核盖章后，根据银行退回给收款单位的收款凭证联编制记账凭证。

（4）采用支票方式。

支票是出票人签发的，委托办理支票存款业务的银行在见票时无条件支付确定的金额给收款人或持票人的票据。支票上印有“现金”字样的为现金支票，现金支票只能用于支取现金；支票上印有“转账”字样的为转账支票，转账支票只能用于转

注：☆号为非讲述内容。

账。支票上未印有“现金”或“转账”字样的为普通支票，普通支票可以用于支取现金，也可以用于转账。普通支票左上角划两条平行线的，为划线支票，划线支票只能用于转账，不得支取现金。单位和个人在同一票据交换区域的各种款项结算，均可以使用支票。

企业不得签发空头支票，不得签发与其预留银行签章不符的支票。支票的提示付款期自出票日起10日内，超过提示付款期限提示付款的，出票人开户银行将不予受理，付款人不予付款。

支票是同城结算中应用范围较广的一种结算方式，在指定城市内可以背书转让。

付款单位签发支票交给收款单位，收款单位填制进账单，连同支票一起交给开户银行办理转账。

付款单位对于付出的支票，应根据支票存根和有关原始凭证及时编制记账凭证，借记有关科目，贷记“银行存款”科目。

【例3－7】 滨江市红星家具厂财务科12月3日开出一张3 000元的现金支票给总务科设立备用金，如图3－22、图3－23所示。

中国工商银行 现金支票存根 XIV09284933
附加信息
出票日期 2008年12月8日
收款人：杨大伟
金　额：3 000.00
用　途：付总务科备用金
单位主管××× 会计×××

图3－22 总务科备用金现金支票存根（原始凭证019号）

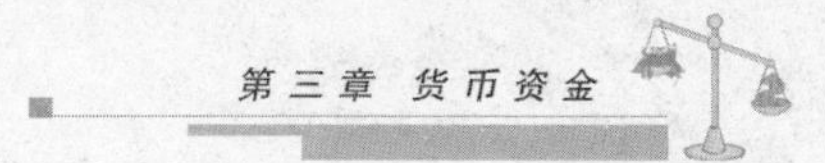

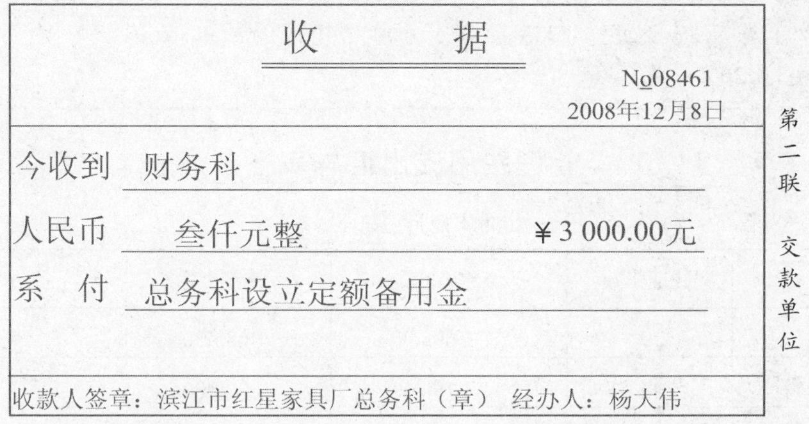

收　据

No08461

2008年12月8日

今收到　财务科

人民币　叁仟元整　¥3 000.00元

系　付　总务科设立定额备用金

收款人签章：滨江市红星家具厂总务科（章）　经办人：杨大伟

第二联　交款单位

图3－23　总务科备用金收据（原始凭证20号）

根据支票存根和总务科开出的收据及时编制记账凭证，如图3－24所示。

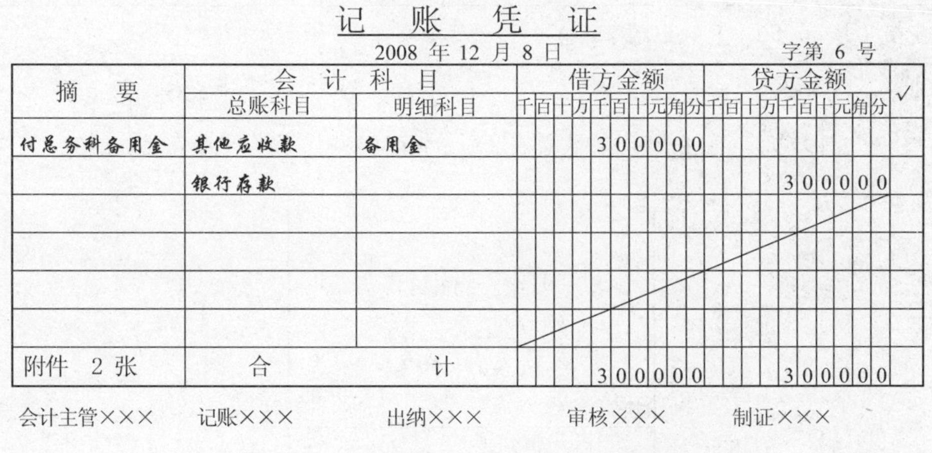

记　账　凭　证

2008 年 12 月 8 日　　字第 6 号

摘要	总账科目	明细科目	借方金额	贷方金额	✓
付总务科备用金	其他应收款	备用金	300000		
	银行存款			300000	
附件 2 张	合	计	300000	300000	

会计主管×××　记账×××　出纳×××　审核×××　制证×××

图3－24　付总务科备用金编制的记账凭证

单位内部机构、部门设立备用金通过“其他应收款”科目核算，明细科目的设置可根据实际情况开设，如果企业只有一个部门需要设立备用金，则按照上述第8号记账凭证那样，只开设一个明细科目“备用金”或者直接以设立备用金的部门名称作为明细科目（如“其他应收款——总务科”）都可以。当有几个部门需要设立备用金时，应当设立“备用金”二级科目，并在二级科目下按设立备用金的机构、部门名称开设明细科目。

设立备用金的部门，利用备用金支付日常零星开支，并将支付款项所取得的原始凭证汇总后向财会部门报账，财会部门根据实际核准报销金额，支付现金或开出现金支票给报账部门，以补充足额的备用金。

【堂上练习2】根据第033和034号原始凭证编制第16号记账凭证，见图3－25、图3－26。

管理费用支出汇总表

单位：总务科　　　　2008年12月12日

项　目	凭证张数	支出金额	核销金额	备　注
差旅费	29	1 685.00	1 685.00	
办公费	45	780.00	780.00	
其他	5	455.00	455.00	
合　计	79	2 920.00	2 920.00	
人民币（大写）⊗贰仟玖佰贰拾元整				

审批：张世峰　　　　报账人：杨大伟

图3－25　管理费用支出汇总表（原始凭证033号，所附原始凭证略）

中国工商银行
现金支票存根
X IV09284934
附加信息

签发日期 2008年12月12日
收款人：杨大伟
金　额：2 920.00
用　途：备用金
单位主管××× 会计×××

图3－26　补充备用金支票存根（原始凭证034号）

收款单位对于收到的支票，应填制进账单连同支票送交银行，根据银行盖章退回给收款单位的收款凭证联和有关的原始凭证编制记账凭证，或根据银行转来由签发人

送交银行的支票后，经银行审查盖章的收款凭证联和有关的原始凭证编制记账凭证。

【例 3－8】 滨江市红星家具厂 12 月 2 日收到一张由滨江市石湾家具厂开出的、用于偿还所欠货款的转账支票，金额 4 182.75 元，当即填写进账单将款项存入银行，如图 3－27 所示（原始凭证 008 号）。

工商银行进账单（收账通知） 3

2008年12月2日 第 号

出票人	全称	滨江市石湾家具厂	收款人	全称	滨江市红星家具厂
	账号	2005095979		账号	2005085878
	开户银行	工商银行滨江分行		开户银行	工商银行滨江分行

金额	人民币（大写）	肆仟壹佰捌拾贰元柒角伍分	亿	千	百	十	万	千	百	十	元	角	分
							¥	4	1	8	2	7	5

票据种类	支票	票据张数	1
票据号码			

复核 记账 收款人开户银行盖章

此联是银行交给收款人的回单

图 3－27 进账单

注：以上所有银行签章省略，下同。

根据进账单编制记账凭证，如图 3－28 所示。

记 账 凭 证

2008 年 12 月 2 日 字第 X 号

摘要	会计科目		借方金额										贷方金额										✓
	总账科目	明细科目	千	百	十	万	千	百	十	元	角	分	千	百	十	万	千	百	十	元	角	分	
收石湾家具厂货款	银行存款						4	1	8	2	7	5											
	应收账款	石湾家具厂															4	1	8	2	7	5	
附件 2 张	合	计					4	1	8	2	7	5					4	1	8	2	7	5	

会计主管××× 记账××× 出纳××× 审核××× 制证×××

图 3－28 根据进账单编制的记账凭证

本例中，红星家具厂与石湾家具厂发生材料转让的购销行为，因此，原始凭证还应包括发票。

付款单位对于付出的支票，应根据支票存根和有关原始凭证编制记账凭证。

【例 3－9】 滨江市红星家具厂财务科 12 月 3 日开出转账支票支付当月产品广

告费 6 800 元，见图 3－29、图 3－30。

广东省广告业专用发票　　　　发票代码 000000000000

发票联　　　　发票号码 00038715

2008年12月3日

客户名称	滨江市红星家具厂	地址	滨江市红星家具厂							
项　目	摘　要	数量	单价	金额						
				十	万	千	百	十	元	角	分
电视广告费	支付广告费	1	6 800.00			6	8	0	0	0	0
金额会计（大写）	零万陆仟捌佰零拾零元零角零分					6	8	0	0	0	0

第二联：发票

广告收费专用章：滨江电视台　　　　地址　　　　制单：梁声

图 3－29　广告发票（原始凭证 009 号）

中国工商银行 现金支票存根 XIV09284979
附加信息
签发日期 2008 年12 月03 日
收款人：滨江电视台
金　额：6 800.00
用　途：电视广告费
备　注：
单位主管××× 会计×××

图 3－30　付广告费支票存根（原始凭证 010 号）

根据广告发票和转账支票存根编制第 3 号记账凭证，如图 3－31 所示。

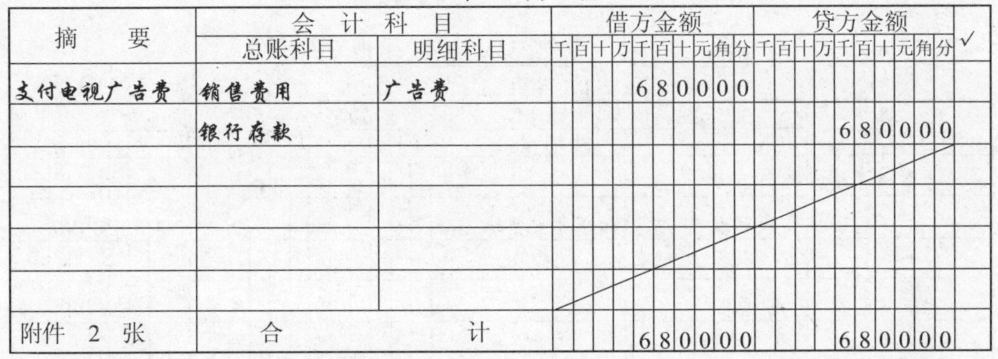

记 账 凭 证

2008 年 12 月 3日　　　　字第 3 号

摘要	会计科目 总账科目	会计科目 明细科目	借方金额（千百十万千百十元角分）	贷方金额（千百十万千百十元角分）	✓
支付电视广告费	销售费用	广告费	680000		
	银行存款			680000	
附件 2 张	合	计	680000	680000	

会计主管××× 记账××× 出纳××× 审核××× 制证×××

图 3－31 支付广告费编制的记账凭证

（5）采用汇兑结算方式。

汇兑是汇款人委托银行将其款项支付给收款人的结算方式。单位和个人各种款项的结算均可使用汇兑结算方式。汇兑分为信汇、电汇两种，由汇款人选择使用。汇入银行对于收款人拒绝接受的款项，应立即办理退汇。汇入银行对于向收款人发出取款通知，经过两个月无法交付的汇款，应主动办理退汇。

收款单位对于汇入的款项，应在收到银行的收账通知时，据以编制记账凭证。

【例 3－10】 滨江市红星家具厂 12 月 12 日收到银行转来的收账通知（图 3－32），收到江州鸿发商场通过信汇形式支付的货款 21 840 元，据以编制第 12 号记账凭证。

中国工商银行 信汇凭证 （收账通知）

委托日期2008年12月11日

汇款人	全称	江州鸿发商场	收款人	全称	滨江市红星家具厂
	账号	2005088659		账号	2005085878
	汇出地点	××省 江州 市/县		汇入地点	××省 滨江 市/县
汇出行名称		工商银行江州分行	汇入行名称		工商银行滨江分行
金额	人民币（大写）	贰万壹仟捌佰肆拾元整	千百十万千百十元角分		2184000
款项已收入收款人账户。 汇入行签章 2008年12月12日			支付密码 附加信息及用途： 付前欠购货款 复核 记账		

此联是银行交给收款人的回单

图 3－32 信汇收账通知（原始凭证 027 号）

付款单位对于汇出的款项，应在向银行办理汇款后，根据汇款回单编制记账凭证，如图 3－33 所示。

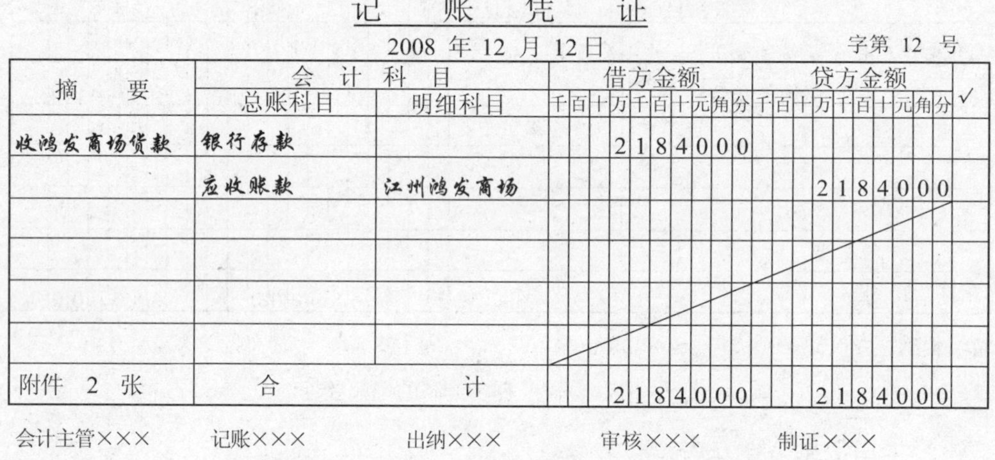

记 账 凭 证

2008 年 12 月 12 日　　　　字第 12 号

摘要	会计科目：总账科目	会计科目：明细科目	借方金额（千百十万千百十元角分）	贷方金额（千百十万千百十元角分）	✓
收鸿发商场货款	银行存款		2184000		
	应收账款	江州鸿发商场		2184000	
附件 2 张	合计		2184000	2184000	

会计主管××× 　记账××× 　出纳××× 　审核××× 　制证×××

图 3－33　通过信汇收到货款编制的记账凭证

【例 3－11】　滨江市红星家具厂 12 月 21 日通过汇兑方式偿还前欠西南木材公司货款。

中国工商银行　信汇凭证（回　单）　　1

委托日期2008年12月21日

汇款人	全称	滨江市红星家具厂	收款人	全称	西南木材公司
	账号	2005085878		账号	4005096333
	汇出地点	×× 省 滨江 市/县		汇入地点	×× 省 西南 市/县
汇入行名称		工商银行滨江分行	汇出行名称		工商银行西南分行
金额	人民币（大写）	⊗拾壹万零仟叁佰捌拾玖元零角零分	亿千百十万千百十元角分		¥1038900
汇出行签章 2008年12月21日			支付密码；附加信息及用途：付欠前购货款；复核　记账		

此联汇出行给汇款人的回单

图 3－34　信汇回单（原始凭证 061 号）

根据第 061 号原始凭证（图 3－34）编制记账凭证，如图 3－35 所示。

（6）采用委托收款结算方式。☆

收款单位对于托收款项，根据银行的收账通知，据以编制记账凭证；付款单位在收到银行转来的委托收款凭证后，根据委托收款凭证的付款通知和有关的原始凭证，编制记账凭证。如在付款期满前提前付款，应于通知银行付款之日，编制记账凭证。

如拒绝付款的，不作账务处理。

记 账 凭 证

2008 年 12 月 21 日 字第 28 号

摘要	会计科目		借方金额	贷方金额	✓
	总账科目	明细科目	千百十万千百十元角分	千百十万千百十元角分	
付前欠西南木材公司购料款	应付账款	西南木材公司	1038900		
	银行存款			1038900	
附件 1 张	合计		1038900	1038900	

会计主管××× 记账××× 出纳××× 审核××× 制证×××

图 3－35 付西南木材货款编制的记账凭证

（7）采用托收承付结算方式。托收承付结算方式将在“第六章销售过程”详述。

（8）以现金存入银行，应根据银行盖章退回的交款回单及时编制现金付款凭证，据以登记“现金日记账”和“银行存款日记账”。向银行提取现金，根据支票存根编制银行存款付款凭证，据以登记“银行存款日记账”和“现金日记账”。

（9）发生的存款利息，根据银行通知及时编制记账凭证，借记本科目，贷记“财务费用”科目。

【例 3－12】 滨江市红星家具厂 12 月 31 日收到银行转来的存款利息通知单（图 3－36）。

中国工商银行存款利息通知单（代付出传票）

2008年12月31日

户名	滨江市红星家具厂	账户	2005085878	
利息计算时间	2008年10月1日至起12月31日止	积数	4 435 782.98	月利率0.2%
利息金额	贰佰玖拾伍元柒角壹分	千百十万千百十元角分	￥29571	
上列利息已转入你单位存款户 中国工商银行滨江分行		转账2008年12月31日 复核 记账 制单		

图 3－36 存款利息通知单（原始凭证 083 号）

根据原如凭证083号编制记账凭证，如图3－37所示。

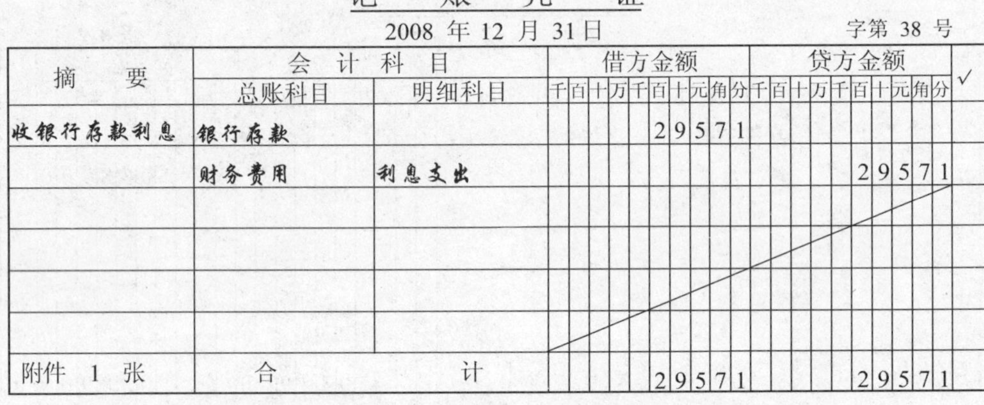

记 账 凭 证

2008 年 12 月 31 日　　　　字第 38 号

摘　要	会计科目		借方金额										贷方金额										✓
	总账科目	明细科目	千	百	十	万	千	百	十	元	角	分	千	百	十	万	千	百	十	元	角	分	
收银行存款利息	银行存款							2	9	5	7	1											
	财务费用	利息支出																2	9	5	7	1	
附件 1 张	合	计						2	9	5	7	1						2	9	5	7	1	

会计主管××× 记账××× 出纳××× 审核××× 制证×××

图3－37 收到存款利息编制的记账凭证

发生的短期借款利息，根据银行通知及时编制记账凭证，借记“财务费用”科目，贷记本科目。银行是按季度结算放款利息的，根据权责发生制原则和谨慎性原则，企业应于每季度前2个月预提借款利息，列入当期财务费用，并于季度末支付利息时冲减预提费用。

【例3－13】 滨江市红星家具厂9月30日短期借款余额25万元，月利率1%，假定10—12月整个季度没有发生短期借款归还或增加借入的情况，则每月应预提短期借款利息2 500元。10月和11月每月预提借款利息时：

借：财务费用——利息支出　　　　2 500

　　贷：预提费用——借款利息　　　　2 500

至11月底止，已预提利息5 000元，列入了财务费用科目。则12月当月应支付的利息不必再预提，而是直接支付：

借：财务费用——利息支出　　　　2 500

　　贷：银行存款　　　　2 500

原来预提出来尚未支付的5 000元，也一并支付：

借：预提费用——借款利息　　　　5 000

　　贷：银行存款　　　　5 000

但是，实际工作中，作为原始凭证的利息通知单只有1张，且收取的利息是3个月的总额7 500元。因此，12月只需做一笔复合分录（见第39号记账凭证）。

滨江市红星家具厂12月31日收到银行转来的放款利息通知单，根据第084号原始凭证（图3－38）编制记账凭证，如图3－39所示。

中国工商银行放款利息通知单（代传票）

2008年12月31日

<table>
<tr><td>户　名</td><td>滨江市红星家具厂</td><td colspan="4">账　户</td><td colspan="6">2005085878</td></tr>
<tr><td>利息计算时间</td><td>2008年10月1日至起12月31日止</td><td>基数</td><td colspan="5">250 000.00</td><td colspan="4">月利率1%</td></tr>
<tr><td rowspan="2">利息金额</td><td rowspan="2">柒仟伍佰元整</td><td>千</td><td>百</td><td>十</td><td>万</td><td>千</td><td>百</td><td>十</td><td>元</td><td>角</td><td>分</td></tr>
<tr><td></td><td></td><td></td><td>¥</td><td>7</td><td>5</td><td>0</td><td>0</td><td>0</td><td>0</td></tr>
<tr><td colspan="2">上列利息已由你单位存款户扣收
中国工商银行滨江分行</td><td colspan="10">转账2008年12月31日
复核　记账　制单</td></tr>
</table>

图 3－38　放款利息通知单（原始凭证 084 号）

记　账　凭　证

2008 年 12 月 31 日　　　字第 39 号

<table>
<tr><td rowspan="2">摘　要</td><td colspan="2">会 计 科 目</td><td colspan="10">借方金额</td><td colspan="10">贷方金额</td></tr>
<tr><td>总账科目</td><td>明细科目</td><td>千</td><td>百</td><td>十</td><td>万</td><td>千</td><td>百</td><td>十</td><td>元</td><td>角</td><td>分</td><td>千</td><td>百</td><td>十</td><td>万</td><td>千</td><td>百</td><td>十</td><td>元</td><td>角</td><td>分</td></tr>
<tr><td>支付短期借款利息</td><td>财务费用</td><td>利息支出</td><td></td><td></td><td></td><td></td><td>2</td><td>5</td><td>0</td><td>0</td><td>0</td><td>0</td><td></td><td></td><td></td><td></td><td></td><td></td><td></td><td></td><td></td><td></td></tr>
<tr><td></td><td>预提费用</td><td>借款利息</td><td></td><td></td><td></td><td></td><td>5</td><td>0</td><td>0</td><td>0</td><td>0</td><td>0</td><td></td><td></td><td></td><td></td><td></td><td></td><td></td><td></td><td></td><td></td></tr>
<tr><td></td><td>银行存款</td><td></td><td></td><td></td><td></td><td></td><td></td><td></td><td></td><td></td><td></td><td></td><td></td><td></td><td></td><td></td><td>7</td><td>5</td><td>0</td><td>0</td><td>0</td><td>0</td></tr>
<tr><td></td><td></td><td></td><td></td><td></td><td></td><td></td><td></td><td></td><td></td><td></td><td></td><td></td><td></td><td></td><td></td><td></td><td></td><td></td><td></td><td></td><td></td><td></td></tr>
<tr><td></td><td></td><td></td><td></td><td></td><td></td><td></td><td></td><td></td><td></td><td></td><td></td><td></td><td></td><td></td><td></td><td></td><td></td><td></td><td></td><td></td><td></td><td></td></tr>
<tr><td></td><td></td><td></td><td></td><td></td><td></td><td></td><td></td><td></td><td></td><td></td><td></td><td></td><td></td><td></td><td></td><td></td><td></td><td></td><td></td><td></td><td></td><td></td></tr>
<tr><td>附件 1 张</td><td colspan="2">合　　计</td><td></td><td></td><td></td><td></td><td>7</td><td>5</td><td>0</td><td>0</td><td>0</td><td>0</td><td></td><td></td><td></td><td></td><td>7</td><td>5</td><td>0</td><td>0</td><td>0</td><td>0</td></tr>
</table>

会计主管×××　记账×××　出纳×××　审核×××　制证×××

图 3－39　支付贷款利息编制的记账凭证

（10）税收通用缴款书。适用于向税务部门缴交税款，其特点是银行根据缴款书直接划账，而不需要另开转账支票，可以说是缴款收据和转账支票合二为一。

【例 3－14】　滨江市红星家具厂 11 月 26 日缴交各项税款如图 3－40、图 3－41 所示。

中华人民共和国
税收通用缴款书　　粤国缴申 06170888 号

注册类型：股份有限责任公司　　填发日期 2008年12月26日　　征收机关：滨江市国家税务局

缴款单位	代码	441701729993838	预算科目	编码	010103	
	全称	滨江市红星家具厂		名称	股份制企业增值税	
	开户银行	工商银行滨江分行		级次	中央75%，地方25%	
	账号	2005085878		收缴国库	滨江市人行 2560001	
税款所属时期	2008年11月1日 2008年11月30日		税款限缴日期 2008年 12 月 26日			
品目名称	课税数量	计税金额	税率或单位税额	已缴或扣除额	实缴金额	
工业加工		255 000.00	17%		21 242.52	
金额合计	人民币（大写）⊗贰万壹仟贰佰肆拾贰元伍角贰分				￥21 242.52	
缴款单位（人） （盖章）	税务机关 （盖章）	上列款项已收妥并划转收款单位账户 国库（银行）盖章2008年12月26日			备注	

第一联收据：银行收款后退缴款人作完税凭证

逾期不缴按税法规定加收滞纳金

图3－40　国税通用缴款书（原始凭证080号）

中华人民共和国
税收通用完税证

粤地23 06170555 号

注册类型：股份有限责任公司　　填发日期：2008年12月26日　　征收机关：滨江市地税局

纳税人代码	441702Y19191919		地址	滨江市创业路×号		
纳税人名称	滨江市红星家具厂		税款所属时间		2008年11月01日-2008年11月31日	
税种	品目名称	课税数量	计税金额或销售收入	税率或单位税金	已缴或扣除额	实缴金额
城建税	城建税（市区）		21 242.52	0.07		1 486.98
教育费	教育费附加（其他）		21 242.52	0.03		637.28
企得税	企业所得税		13 483.25	0.33		4 449.47
金额合计	（大写）⊗陆仟伍佰柒拾叁元柒角叁分					￥6 573.73
税务机关 （盖章）	委托代征单位（人） （盖章）		填票人 （盖章）	备注	税票号码：略 电脑编码：略 税款属性：略 缴税方式：银行划转 缴款账号：略 核算机关：略 管理机关：略 扣缴日期：2008年12月26日	

第二联：收据交纳税人作完税凭证

图3－41　地税通用完税证（原始凭证081号）

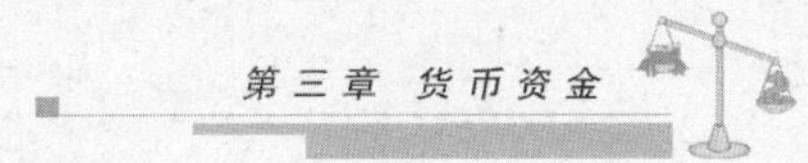

根据上述原始凭证编制记账凭证，如图 3－42 所示。

记　账　凭　证

2008 年 12 月 26日　　　　　　字第 36 号

摘　要	会计科目		借方金额	贷方金额	✓
	总账科目	明细科目	千百十万千百十元角分	千百十万千百十元角分	
交上月未交税款	应交税费	应交所得税	444947		
	应交税费	应交城建税	148698		
	应交税费	未交增值税	2124252		
	应交税费	教育费附加	63728		
	银行存款			2781625	
附件 2 张	合	计	2781625	2781625	

会计主管×××　　记账×××　　出纳×××　　审核×××　　制证×××

图 3－42　缴纳税款编制的记账凭证

企业应按开户银行和其他金融机构、存款种类等，分别设置“银行存款日记账”，由出纳人员根据收付款凭证、按照业务的发生顺序逐笔登记，每日终了应结出余额。“银行存款日记账”应定期与“银行对账单”核对。月度终了，企业银行存款账面余额与银行对账单余额之间如有差额，必须逐笔查明原因，并按月编制“银行存款余额调节表”进行调节。

有外币存款的企业，应分别用人民币和各种外币设置“银行存款日记账”进行明细核算。

“银行存款”科目期末借方余额，反映企业实际存在银行或其他金融机构的款项。

企业的外埠存款、银行本票存款、银行汇票存款等在“其他货币资金”科目核算，不在“银行存款”科目核算。

第三节　其他货币资金的核算

其他货币资金是指企业除现金、银行存款以外的各种货币资金，主要包括外埠存款、银行汇票存款、信用证存款、信用卡存款和在途资金等。本节只介绍银行汇票结算方式。

银行汇票结算方式是指汇款人将款项交存当地银行，由银行签发给汇款人银行汇票，持汇票办理转账结算或支取现金的一种结算方式。这种结算方式特别适用于企业

先收款后发货或钱货两清的商品交易。

银行汇票采取记名方式，金额起点为500元，提示付款期限为自出票日起1个月，持票人超过付款期限提示付款的，银行将不予受理。银行汇票可以背书转让，余款可自动退回。该结算方式在本章第二节已有叙述。

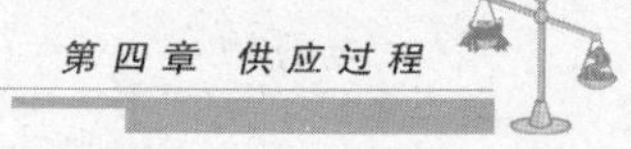

第四章　供应过程

上一章中，我们学习了以现金、银行存款为主的货币资金的核算，这是为我们学习后续的工业企业的主要生产经营过程核算做准备。从本章开始，我们进入生产经营过程的核算。

工业企业的主要生产经营过程包括供应过程、生产过程和销售过程三个阶段。供应过程是资金循环的第一阶段，这一阶段的主要经济业务是采购准备用于产品生产的各种存货，为生产储备物资，因此，这一阶段又叫储备阶段，也称为采购过程。

第一节　存货购进与结算方式

存货是指企业在日常活动中持有以备出售的产成品或商品，处在生产过程中的在产品，在生产过程或提供劳务过程中耗用的材料、物料等。它区别于固定资产等非流动资产的最基本的特征是，企业持有存货的最终目的是为了出售，不论是可供直接出售（如产成品、商品），还是需要经过进一步加工后才能出售（如原材料）。

企业存货通常包括库存的、正在加工中的、在途的各种原材料、燃料、包装物、低值易耗品、委托加工物资、在产品、外购商品、自制半成品、库存商品、分期收款发出商品、委托代销商品等。

一、供应过程的物资购进

供应过程涉及原材料、燃料、包装物、低值易耗品等物资的购进。

（1）原材料：是指企业通过外购等方式取得的、用于加工产品并构成产品实体的物品，以及取得的供生产耗用但不构成产品实体的辅助材料、修理用备件和外购半成品。

（2）燃料☆：是指用来产生热能的各种材料。包括固体燃料、液体燃料和气体燃料。如果企业使用的燃料不多，可将燃料并入原材料中。

（3）包装物☆：是指为了包装本单位产品，并准备随同产品一同出售，或者在销售过程中出借、出租给购货单位使用的各种包装物品。如箱、桶、瓶、坛、袋等。

（4）低值易耗品☆：是指使用年限较短，单位价值较低，按规定不列作固定资产核算的各种劳动手段。如工具、管理用具、劳保用品等。

二、存货的入账价值

企业取得存货应当按照成本进行计量，包括采购成本、加工成本和其他成本三个部分。外购存货的实际成本包括买价、采购费用和应计税金三项。

（1）买价：是指不含增值税的购货价格（本书不考虑进货折让、现金折扣）。

（2）采购费用：是指企业外购存货时，在存货入库前发生的除买价外的各种附带费用，包括：①运杂费（包括运输费、装卸费、搬运费和运输保险费等）。②运输途中的合理损耗。③入库前的挑选整理费。

（3）应计税金。指外购存货时支付的、应计入存货成本的各种税金，包括进口关税、消费税、资源税和城市维护建设税等价内流转税以及小规模纳税人外购材料所支付的增值税。

一般纳税人用于生产经营活动的外购材料所支付的增值税，应作为进项税额处理，不计入存货成本。

【例4－1】　滨江市红星家具厂12月6日向滨江市木材购销公司采购材料一批。

原始凭证015**号**：增值税发票，如图4－1所示。

××省增值税专用发票

4400044444　　　　　　　　　　No 01746688

发票联　　　开票日期：2008年12月06日

购货单位	名称：	滨江市红星家具厂		密码区	教学用			
	纳税人识别号：	441702Y19191919						
	地址、电话：	滨江市石湾北路3412026						
	开户银行及账号：	滨江市工行2005085878						
货物或应税劳务名称	规格型号	单位	数量	单价	金额	税率	税额	第二联发票联
木板	10mm	平方米	680	46.00	31 280.00	17%	5 317.60	
合计					31 280.00		5 317.60	
价税合计（大写）	⊗叁万陆仟伍佰玖拾柒元陆角零分				（小写）￥36 597.60			
销货单位	名称：	滨江市木材购销公司		备注				
	纳税人识别号：	441702Y23232323						
	地址、电话：	滨江市马槽路3122222						
	开户银行及账号：	滨江市工行2005095979						

收款人：张中汉　复核：王晓棠　开票人：徐少华　销货单位：　滨江市木材购销公司（发票专用章）

图4－1　采购材料增值税发票

第015号原始凭证增值税发票上的木板买价是31 280元。

原始凭证016号：运输发票，如图4－2所示。

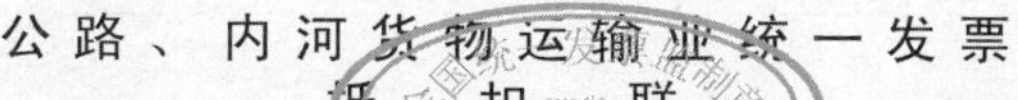

公路、内河货物运输业统一发票

抵扣联

发票代码：123456789000
发票号码：00029378

开票日期：2008-12-06

机打代码	123456789000	税控码	教学用		
机打号码	00029345				
机器编号	011123987654				
收货人及纳税人识别号	滨江市红星家具厂 441702Y19191919	承运人及纳税人识别号	滨江市运输公司 441702Y28282828		
发货人及纳税人识别号	滨江市木材购销公司 441702Y23232323	主管税务机关及代码	滨江地方税务局马槽税务所 244077705		
运输项目及金额	货物名称 数量(重量) 单位运价 计费里程 金额 木材 12 30.00 50.00 360	其他项目及金额	费用名称 金额 无	备注	起运地：滨江 到达地：滨江 类型：汽运
运费小计	¥360.00	其他费用小计	¥0.00		
合计（大写）	⊗叁佰陆拾元整	（小写）	¥360.00		

承运人盖章　　开票人　苏晓声

第二联发票联

图4－2　采购材料运输发票

第016号原始凭证是一张运输企业开出的发票，购货方凭发票联作为原始凭证入账，如果取得的运输发票是抵扣联和记账联，则应以记账联作为原始凭证（下同）。

三、应交增值税的核算

增值税是国家对销售额中的增值部分征收的一种流转税。具体来说，它是指对在我国境内销售货物、进口货物，或提供加工、修理修配劳务的增值额征收的一种流转税。

其纳税人（本书所模拟的会计主体是一般纳税人，小规模纳税人不在本书讲述范围）应纳税额的计算公式为：

应纳税额＝当期销项税额－当期进项税额

1. 销项税额

指当期销项税额，是纳税人在纳税期限内，销售货物或提供应税劳务，按照销售额和规定的税率计算并向买方收取的增值税额。其计算公式为：

销项税额＝销售收入（不含增值税）×增值税税率

例4－1中，对于销售方（滨江市木材购销公司）来说，第015号原始凭证所列的不含增值税销售收入31 280元，增值税税率17％，销项税额＝31 280×17％＝5 317.60元。

如果销售方（滨江市木材购销公司）与购买方（滨江市红星家具厂）双方商定的交易价格是一个包含了增值税（价税合计）的定价时，即：该批货物以36 597.60

元成交。则需要对售价和税金进行分离：

$$销项税额=\frac{价税合并定价时含增值税的销售收入}{1+增值税率}\times 增值税率$$

$$=36\ 597.60\div(1+17\%)\times 17\%=5\ 317.60\ (元)$$

$$不含税销售额=价税合计-销项税额=36\ 597.60-5\ 317.60=31\ 280\ (元)$$

2. 进项税额

指当期进项税额，是纳税人在纳税期限内，购进货物或接受应税劳务所支付或负担的、准予从销项税额中抵扣的增值税额。

企业购进货物或接受劳务必须具备以下 3 种凭证之一，其进项税额才能予以扣除。

（1）增值税专用发票。例 4 - 1 中，第 015 号原始凭证增值税发票上注明的增值税额 5 317.60 元是准予从销项税额中抵扣的进项税额。

（2）从海关取得的完税凭证。

（3）购进免税农产品或收购废旧物资时，批准使用的收购凭证。

企业购入货物或接受劳务时，没有按规定取得并保存增值税扣税凭证，或增值税扣税凭证上未按规定注明增值税额及其他有关事项，其进项税额不能从销项税额中抵扣。其已支付的增值税只能记入购入货物或接受劳务的成本。

3. 会计科目的设置

为了反映和监督企业应交增值税的发生、抵扣、交纳、退税及转出等情况，应在“应交税费”科目下设置“应交增值税”和“未交增值税”两个明细科目。并且应在“应交税费——应交增值税”明细科目的借方设置“进项税额”、“已交税金”、“减免税款”、“出口抵减内销产品应纳税额”和“转出未交增值税”明细项目栏；在其贷方设置“销项税额”、“出口退税”、“进项税额转出”和“转出多交增值税”等明细项目栏。这些明细项目也是“应交税费——应交增值税”的三级明细科目。

采购物资时，应按增值税专用发票上记载的实际采购成本（价款）借记“材料采购”、“库存商品”等科目，按其注明的增值税额借记“应交税费——应交增值税（进项税额）”科目，按其价税之和贷记“银行存款”、“应付账款”、“应付票据”等科目。购入的货物发生退货时，作相反的会计分录。

除增值税发票所列税款可以用于抵扣销项税额外，下列情况可以按照所列的税率准予抵扣。

（1）购进免税农产品和支付外购物资的运输费用时，根据免税农产品的购买凭证中买价的 10 %准予抵扣；

（2）收购废旧物资，根据废旧物资的收购凭证中收购金额的 10 %准予抵扣；

（3）根据运费结算单据（普通发票）中运费金额的 7 %准予抵扣。

例 4 - 1 中，第 016 号原始凭证所列的运费是 360 元。则：

可用于抵扣的进项税额 = 360 × 7 % = 25. 20 元。

材料采购费用 = 360 − 25. 20 = 334. 80 元。

该批原材料的入账价值 = 31 280 + 334. 80 = 31 614. 80 元。

进项税额合计 = 5 317. 60 + 25. 20 = 5 342. 80 元。

采购该批材料的价税合计 36 597. 60 元，红星家具厂已用银行存款支付该笔货款。

原始凭证 017 号：转账支票存根，如图 4 − 3 所示。

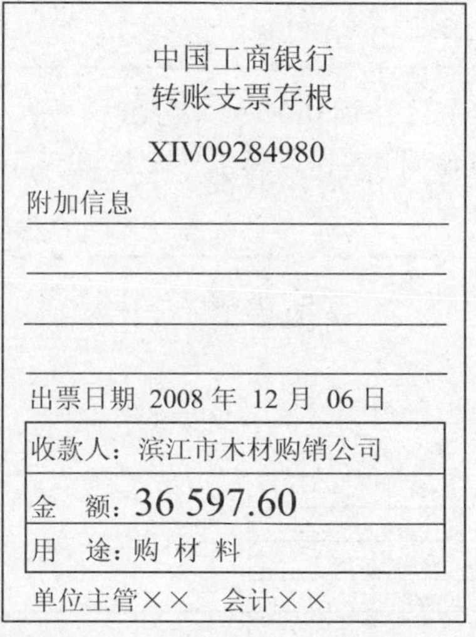

中国工商银行
转账支票存根
XIV09284980

附加信息

出票日期 2008 年 12 月 06 日

收款人：滨江市木材购销公司
金　额：36 597.60
用　途：购 材 料

单位主管×× 会计××

图 4 − 3　采购材料转账支票存根

根据例 4 − 1 所列的第 015 ～ 017 号原始凭证编制记账凭证，如图 4 − 4 所示。

记　账　凭　证

2008 年 12 月 6 日　　　　字第 5 号

摘　要	会计科目		借方金额										贷方金额										✓
	总账科目	明细科目	千	百	十	万	千	百	十	元	角	分	千	百	十	万	千	百	十	元	角	分	
购入材料木板	材料采购	木板				3	1	6	1	4	8	0											
	应交税费	应交增值税(进项税额)					5	3	4	2	8	0											
	银行存款															3	6	5	9	7	6	0	
	库存现金																	3	6	0	0	0	
附件 3 张	合	计				3	6	5	9	7	6	0				3	6	5	9	7	6	0	

会计主管××× 记账××× 出纳××× 审核××× 制证×××

图 4 − 4　采购材料记账凭证

四、材料的收发核算

为了反映和监督历史上存货的收发和结存情况，应设置有关科目。

(1)“材料采购”科目：核算采用计划成本核算的企业外购材料的采购成本。其借方登记企业支付（或承付）的外购材料的实际成本和入库材料的节约差异；贷方登记企业入库材料的计划成本、入库材料的超支差异。余额通常在借方，为未验收入库的在途材料的实际成本。按实际成本进行材料收发核算的企业，也可以不设“材料采购”科目，而设置“在途物资”科目。

【堂上练习3】根据原始凭证029号（增值税发票，如图4－5所示）、原始凭证030号（运输发票，如图4－6所示），计算填列下列空格并编制第14号记账凭证。

××省增值税专用发票

4400088888　　　　No 01946699

发票联　　　　开票日期：2008年12月12日

购货单位	名称：	滨江市红星家具厂		密码区	教学用			
	纳税人识别号：	441702Y19191919						
	地址、电话：	滨江市石湾北路3412026						
	开户银行及账号：	滨江市工行2005085878						
货物或应税劳务名称		规格型号	单位	数量	单价	金额	税率	税额
木板		10mm	平方米	670.00	45.80	30 686.00	17%	5 216.62
合计						30 686.00		5 216.62
价税合计（大写）	⊗叁万伍仟玖佰零拾贰元陆角贰分				（小写）¥ 35 902.62			
销货单位	名称：	关西木材供应店		备注				
	纳税人识别号：	441702Y23232888						
	地址、电话：	关西市风度南路3122888						
	开户银行及账号：	关西市工行2005096789						

第二联发票联

收款人：李广大　　复核：黄选国　　开票人：徐大华　　销货单位：　关西木材供应店（发票专用章）

图4－5　采购材料增值税发票

公路、内河货物运输业统一发票

抵扣联

全国统一发票监制章 XX省 地方税务局监制

发票代码：123456789000
发票号码：00029378

开票日期：2008-12-12

机打代码	123456789000	税控码	教学用		
机打号码	00029345				
机器编号	011123987654				
收货人及纳税人识别号	滨江市红星家具厂 441702Y19191919	承运人及纳税人识别号	关西市运输公司 441702Y28282828		
发货人及纳税人识别号	关西木材供应站 441702Y2323232888	主管税务机关及代码	关西市地方税务局 244077705		
运输项目及金额	货物名称 数量(重量) 单位运价 计费里程 金额 木材 15 100 50.00 1500	其他项目及金额	费用名称 金额 无	备注	起运地：关西 到达地：滨江 类型：汽运
运费小计	¥1 500.00	其他费用小计	¥0.00		
合计（大写）	⊗壹仟伍佰元整	（小写）	¥1 500.00		

承运人盖章 开票人 谭时事

第二联发票联

图 4－6 采购材料运输发票

该批材料的买价________元，进项税额________元，应支付的运费________元，运费中可以用于进项抵扣的税金________元，进项税额合计__________元，采购费用________元，该批材料的实际成本__________元。

如果采购材料采用托收承付结算方式，则红星家具厂在承认付款后，收到银行有关付款通知（因2002年银行系统实行人工票据交换，而现在普遍实行电子交换系统，因此，支款通知格式产生很大的变化，在这里只提供现时支付系统专用凭证的简化格式）。**原始凭证046号**：支付凭证，如图4－7所示。

中国工商银行支付系统专用凭证 No 000001966293

委托日期：2008/12/08
汇款人账号：2005085878 汇款人名称：滨江市红星家具厂
接收日期：2008/12/16
收款人账号：2005096789 收款人名称：关西木材供应站
货币符号、金额：RMB37 402.62
大写金额：⊗叁万柒仟肆佰零贰元陆角贰分
附言：货款

第二联 作客户通知单 会计 复合 记账

图 4－7 支付凭证

根据图4－7所示的支付系统专用凭证编制记账凭证，如图4－8所示：

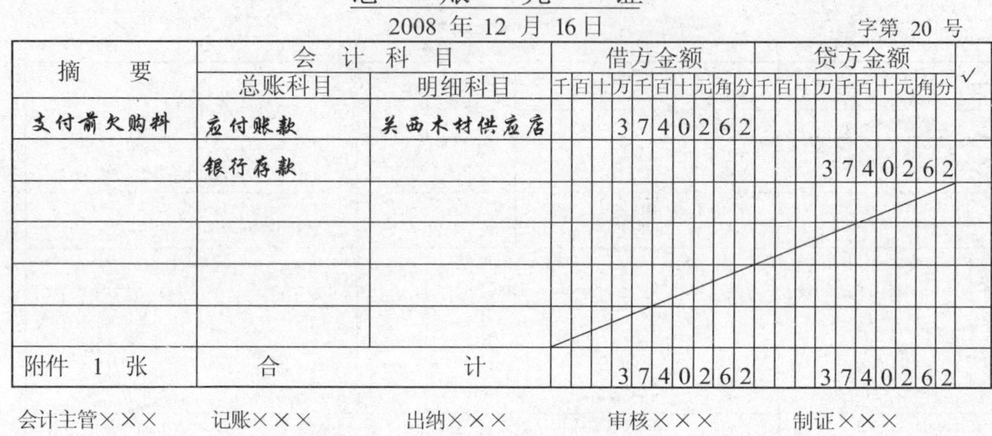

记　账　凭　证

2008 年 12 月 16日　　　　字第 20 号

摘　要	会计科目		借方金额（千百十万千百十元角分）	贷方金额（千百十万千百十元角分）	✓
	总账科目	明细科目			
支付前欠购料	应付账款	关西木材供应店	3740262		
	银行存款			3740262	
附件 1 张	合	计	3740262	3740262	

会计主管×××　　记账×××　　出纳×××　　审核×××　　制证×××

图4－8　支付购料款编制的记账凭证

（2）“原材料”科目：核算企业库存原材料的收入、发出及其结存情况。其借方登记企业外购、自制、委托外单位加工完成等入库原材料的成本（实际成本或计划成本，本实习为计划成本，下同）和盘盈原材料的重置成本；其贷方登记企业仓库发出、盘亏和毁损等各种原因而减少的原材料（实际成本或计划成本）。余额在借方，表示库存原材料的成本（实际成本或计划成本）。

该科目应按照材料的保管地点、材料的类别、品种、规格设置材料明细账（或材料卡片）。

（3）“材料成本差异”科目：核算企业各种材料物资的实际成本与计划成本的差异。借方登记企业入库材料的超支差异；贷方登记企业入库材料的节约差异、发出材料应负担的成本差异（超支用蓝字，节约用红字）。该科目的余额可能在借方，也可能在贷方。借方余额表示企业库存材料的超支差异；贷方余额表示企业库存材料的节约差异。

该科目应分别按原材料、包装物、低值易耗品等材料类别（或品种）设置明细账。本实习中，材料成本差异科目可以将材料类别设为二级明细科目，在二级明细科目下再按品种开设三级明细科目，如：“材料成本差异——原材料成本差异——原木成本差异”等。也可以根据本企业实际情况，只按材料类别开设明细科目，如“材料成本差异——原材料成本差异”等。本书只对原材料进行计划成本核算，按材料类别开设明细科目。

【例4－2】　上述材料于当日验收入库，入库单如图4－9所示。

红星家具厂材料入库验收单

2008年12月6日

品名	规格	单位	数量		实际价格				计划价	
			来料数	实际数	单价	总价	运杂费	合计	单价	总价
木板	10mm	平方米	680.00	680.00	46.00	31 280.00	334.80	31614.80	45.00	30 600
合计						31 280.00	334.80	31614.80		30 600

仓管员：张东海

图 4－9　材料入库单（原始凭证 18 号）

该批材料的实际成本是 31 614. 80 元，计划成本是 30 600 元，实际成本大于计划成本 1 014. 80 元，这个差额就是材料成本差异额。实际成本大于计划成本时，所产生的差异叫做超支差异；实际成本小于计划成本时，所产生的差异叫做节约差异。超支差异记入“材料成本差异”科目的借方，一般以正数表示；节约差异记入“材料成本差异”科目的贷方，一般以负数表示。

根据材料入库单编制第 × 号记账凭证，如图 4－10 所示。

记　账　凭　证

2008 年 12 月 6日　　字第 × 号

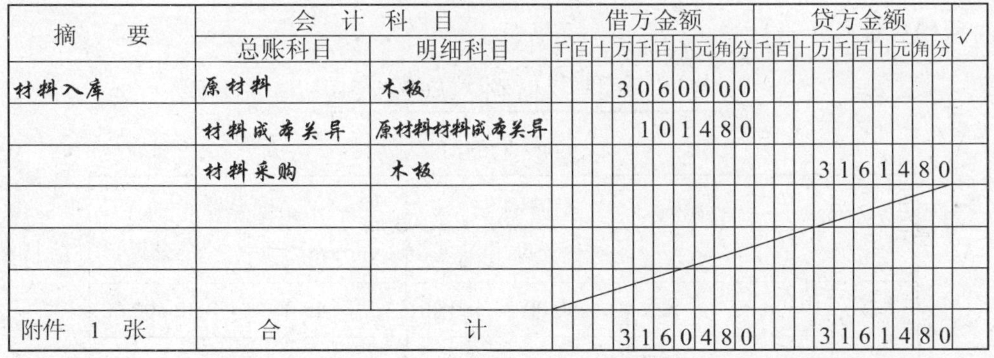

摘　　要	会计科目		借方金额										贷方金额										✓
	总账科目	明细科目	千	百	十	万	千	百	十	元	角	分	千	百	十	万	千	百	十	元	角	分	
材料入库	原材料	木板				3	0	6	0	0	0	0											
	材料成本差异	原材料材料成本差异					1	0	1	4	8	0											
	材料采购	木板														3	1	6	1	4	8	0	
附件　1　张	合	计				3	1	6	0	4	8	0				3	1	6	1	4	8	0	

会计主管×××　　记账×××　　出纳×××　　审核×××　　制证×××

图 4－10　购料入库编制的记账凭证

材料入库单（或材料进仓单）可以不设置“实际成本”栏，仓库管理人员只验收数量，实行计划成本核算的企业，可以设置“计划价”栏，由仓管员填列。

实际工作中，为简化核算，提高工作效率，可于月末汇总材料入库单，一次结转材料成本差异。

【堂上练习4】图4－11～图4－15是滨江市红星家具厂12月份全部材料入库单，以这些材料入库单为依据，于12月31日编制第47号记账凭证（结转材料成本差异分录暂不做）。

原始凭证006号：

红星家具厂材料入库验收单

2008年12月1日

品名	规格	单位	数量		计划价	
			来料数	实际数	单价	总价
原木	20～30cm	m^2	30.00	30.00	800.00	24 000.00
木板	10mm	m^2	58.00	58.00	45.00	2 610.00
合计						26 610.00

仓管员：张东海

图4－11

原始凭证018号：

红星家具厂材料入库验收单

2008年12月6日

品名	规格	单位	数量		计划价	
			来料数	实际数	单价	总价
木板	10mm	m^2	680.00	680.00	45.00	30 600.00
合计						30 600.00

仓管员：张东海

图4－12

原始凭证031号：

红星家具厂材料入库验收单

2008年12月12日

品名	规格	单位	数量		计划价	
			来料数	实际数	单价	总价
木板	10mm	m^2	670.00	670.00	45.00	30 150.00
合计						30 150.00

仓管员：张东海

图4－13

原始凭证056号：

红星家具厂材料入库验收单

2008年12月18日

品名	规格	单位	数量		计划价	
			来料数	实际数	单价	总价
原木	20~30cm	立方米	80.00	80.00	800.00	64 000
合计						64 000

仓管员：张东海

图4－14

原始凭证078号：

红星家具厂材料入库验收单

2008年12月25日

品名	规格	单位	数量		计划价	
			来料数	实际数	单价	总价
木板	10mm	m^2	800.00	800.00	45.00	36 000.00
合计						36 000.00

仓管员：张东海

图4－15

第二节　采购费用的分摊

所谓采购费用，指的是在材料采购过程中，除了购买材料的买价和增值税以外的其他费用，如运杂费等。

当企业采购单一品种的材料时，其所发生的采购费用理所当然由这一种材料承担，应当全部计入其材料成本中。

当企业同时采购两种或两种以上的材料时，其所共同发生的采购费用则不可能由某一种材料独自承担；应当采用适当的分摊方法，将采购费用合理地分摊到所采购的各种材料成本中去。简而言之，“谁受益，谁承担”。

例如，用同一辆汽车运回两种材料，其中，钢铁 1 t，棉花 2 t，或者金饰 1 kg，钢材 2000 kg。如果以物品的体积为标准进行分摊，则棉花所负担的采购费用过重，而钢铁所负担的采购费用过轻；如果以物品的买价作为分配标准，则金饰负担过重，钢材负担过轻。一些企业为减轻工作量，根本不作分摊，把全部采购费用计入其中一种采购量较大或者金额较高的材料中去。这样做不利于成本分析和实施成本控制。

采购费用的分摊方法，应根据所采购物品的实际情况，选择按买价分摊、按重量分摊、按体积分摊、按数量分摊等办法之中比较合理的一种进行分摊。具体的分摊方法由企业自行规定并保持一定期间不变。在对采购费用进行分摊时，应编制采购费用分摊表，作为编制记账凭证的依据。

【例 4－3】　滨江市红星家具厂 12 月 1 日向滨江市木材购销公司采购原木和木板两种材料一批（原始凭证 001 ～ 005 号）。

原始凭证 001 **号：**增值税发票如图 4－16 所示。

××省增值税专用发票

4400044444　　　　No 01746666

发票联　　　　开票日期：2008年12月01日

购货单位	名称：	滨江市红星家具厂		密码区	教学用		
	纳税人识别号：	441702Y19191919					
	地址、电话：	滨江市石湾北路3412026					
	开户银行及账号：	滨江市工行2005085878					
货物或应税劳务名称	规格型号	单位	数量	单价	金额	税率	税额
原木	20～30cm	立方米	30.00	812.00	24 360.00	17%	4 141.20
木板	10mm	平方米	58.00	46.00	2 668.00	17%	453.56
合计					27 028.00		4 594.76
价税合计（大写）	⊗ 参万壹仟陆佰贰拾贰元柒角陆分				（小写）¥ 31 622.76		
销货单位	名称：	滨江市木材购销公司		备注			
	纳税人识别号：	441702Y23232323					
	地址、电话：	滨江市马槽路3122222					
	开户银行及账号：	滨江市工行2005095979					

第二联发票联

收款人：张中汉　　复核：王晓棠　　开票人：徐少华　　销货单位：滨江市木材购销公司（发票专用章）

图 4－16　采购材料增值税发票

原始凭证 002 号： 运输发票如图 4－17 所示。

公路、内河货物运输业统一发票

抵扣联

全国统一发票监制章 XX省 地方税务局监制

发票代码：123456789000
发票号码：00029345

开票日期：2008-12-01

机打代码	123456789000	税控码	教学用		
机打号码	00029345				
机器编号	011123987654				
收货人及纳税人识别号	滨江市红星家具厂 441702Y19191919	承运人及纳税人识别号	滨江市运输公司 441702Y28282828		
发货人及纳税人识别号	滨江市木材购销公司 441702Y23232323	主管税务机关及代码	滨江市地方税务局马槽税务所 244077705		
运输项目及金额	货物名称 数量（重量） 单位运价 计费里程 金额 木材 38.00 30.00 50.00 1 140.00	其他项目及金额	费用名称 金额 无	备 注	起运地：滨江 到达地：滨江 类型：汽运
运费小计	¥1 140.00	其他费用小计	¥0.00		
合计（大写）	⊗壹仟壹肆拾元整	（小写）	¥1 140.00		

承运人盖章　　　　开票人　徐少华

第二联发票联

图 4－17　采购材料运输发票

原始凭证 003 号： 开给运输公司的转账支票存根，如图 4－18 所示。

原始凭证 004 号： 开给木材公司的转账支票存根，如图 4－19 所示。

中国工商银行
转账支票存根

XIV09284977

附加信息

出票日期 2008 年 12 月 1 日

收款人：滨江市运输公司

金　额：1 140.00

用　途：付运费

单位主管××　会计××

图 4－18　采购材料付运费支票存根

中国工商银行
转账支票存根

XIV09284978

附加信息

出票日期 2008 年 12 月 1 日

收款人：滨江市材料购销公司

金　额：31 622.76

用　途：付货费

单位主管××　会计××

图 4－19　采购材料付材料款支票存根

原始凭证 005 号： 运杂费分配表，如图 4－20 所示。

材料采购运杂费分配表

2008年12月1日

发货单位	滨江市木材购销公司			
材料名称	分配标准（买价）	分配率	分配金额	备注
原木	24 360		955.55	
木板	2 668		104.65	
合计	27 028	0.039	1 060.20	

制表单位：滨江市红星家具厂财务部　　　　制表人：×××

图4－20　采购材料运费分摊表

原木和木板这两种材料发生共同运费1 140元，减去可抵扣的进项税额后，实际应分摊的运费总额为1 060. 20元。由于两种材料的计量单位不同，决定采用按买价分摊的方法进行分摊。

分配率＝应分配金额÷买价合计＝1 060. 20÷2 7028≈0. 039

表示每1元买价应负担约0. 039元运费。计算结果保留多少位小数根据管理要求自定，保留小数位越多，分摊数额就越精确。

原木应负担的运费＝24 360×0. 039＝955. 55元

木板是最后一个分摊运费的对象，由于分配率取近似值，如果用木板的买价直接乘以0. 039，则分配结果相加的合计数会大于或小于应分配金额，因此，最后一个分配对象应负担的采购费用是应分配的费用总额减去已分配费用后的余额，即：剩下的费用由最后一个分配对象负担。所以，木板应分配的采购费用是：1 060. 20－955. 55＝104. 65元。根据第001～第005号原始凭证编制第1号记账凭证，如图4－21所示。

记　账　凭　证

2008年12月1日　　　　字第1号

摘要	会计科目		借方金额										贷方金额										✓
	总账科目	明细科目	千	百	十	万	千	百	十	元	角	分	千	百	十	万	千	百	十	元	角	分	
购买材料	材料采购	原木				2	5	3	1	5	5	5											
	材料采购	木板					2	7	7	2	6	5											
	应交税费	应交增值税（进项税款）					4	6	7	4	5	6											
	银行存款															3	2	7	6	2	7	6	
附件 5 张	合	计				3	2	7	6	2	7	6				3	2	7	6	2	7	6	

会计主管×××　　记账×××　　出纳×××　　审核×××　　制证×××

图4－21　采购材料编制的记账凭证

【堂上练习 5】以第 001、第 004 号原始凭证为依据编制一张记账凭证，以第 002、第 003、第 005 号原始凭证为依据编制另一张记账凭证，再将这两张记账凭证合并编制一张编号为 1 号的记账凭证，看看你所编制的 1 号记账凭证和上面这张 1 号记账凭证是否相同。

【堂上练习 6】滨江市红星家具厂向关西市木材供应站采购木板 800m^2，12 月 25 日，该批材料连同发票一起到达。滨江市红星家具厂收到发票后于当日以信汇方式将货款汇出，请根据第 076、第 077 号原始凭证编制第 34 号记账凭证。

原始凭证 076 **号：**增值税发票（图 4－22）。

××省增值税专用发票

4400088888　　　　No 01946712

发票联　　　　开票日期：2008年12月25日

购货单位	名称：	滨江市红星家具厂	密码区	教学用			
	纳税人识别号：	441702Y19191919					
	地址、电话：	滨江市石湾北路3412026					
	开户银行及账号：	滨江市工行2005085878					
货物或应税劳务名称	规格型号	单位	数量	单价	金额	税率	税额
木板	10mm	平方米	800	45.60	36 480.00	17%	6 201.60
合计					36 480.00		6 201.60
价税合计（大写）	⊗ 肆万贰仟陆佰捌拾壹元陆角零分				（小写）¥42 681.60		
销货单位	名称：	关西木材供应店	备注				
	纳税人识别号：	441702Y23232888					
	地址、电话：	关西市风度南路3122888					
	开户银行及账号：	关西市工行2005096789					

第二联发票联

收款人：李广大　　复核：黄选国　　开票人：徐大华　　销货单位：　关西木材供应店（发票专用章）

图 4－22　购料增值税发票

原始凭证 75 **号：**信汇回单如图 4－23 所示。

中国工商银行　信汇凭证（回　单）　1

委托日期 2008年12月25日

汇款人	全　称	滨江市红星家具厂	收款人	全　称	关西木材供应站
	账　号	2005085878		账　号	2005096789
	汇出地点	××省 滨江 市/县		汇入地点	××省 关西 市/县
汇出行名称		工商银行滨江分行	汇出行名称		工商银行关西分行
金额	人民币（大写）	⊗肆万贰仟陆佰捌拾壹元陆角零分			亿 千 百 十 万 千 百 十 元 角 分 ¥ 4 2 6 8 1 6 0
汇出行签章2008年12月25日			支付密码 附加信息及用途：付购货款 复核　记账		

此联汇出行给汇款人的回单

图4－23　购料信汇凭证回单

【堂上练习7】滨江市红星家具厂12月18日向本市木材购销公司采购原木80m³，当日取得增值税发票并通过转账支付全部货款。同时，用现金支付运输公司的运费。请根据第054、第055、第057号原始凭证编制第25号记账凭证。

原始凭证054号：增值税发票，如图4－24所示。

××省增值税专用发票

4400044444　　　　No 01746699

发票联　　　　开票日期：2008年12月18日

购货单位	名　称：	滨江市红星家具厂	密码区	教学用			
	纳税人识别号：	441702Y19191919					
	地址、电话：	滨江市石湾北路3412025					
	开户银行及账号：	滨江市工行2005085878					
货物或应税劳务名称	规格型号	单位	数量	单价	金额	税率	税额
木板	10～30cm	平方米	80	815.00	65 200.00	17%	11 084.00
合　计					65 200.00		11084.00
价税合计（大写）⊗ 柒万陆仟贰佰捌拾肆元零角贰分					（小写）¥ 76 284.00		
销货单位	名　称：	滨江市木材购销公司	备注				
	纳税人识别号：	441702Y23232326					
	地址、电话：	关西市风度南路3122222					
	开户银行及账号：	滨江市工行2005095979					

第二联发票联

收款人：张中文　　复核：王晓棠　　开票人：徐少华　　销货单位：　滨江市木材购销公司（发票专用章）

图4－24　购料增值税发票

原始凭证055号：运输发票，如图4－25所示。

公路、内河货物运输业统一发票

抵 扣 联

（全国统一发票监制章 XX省 地方税务局监制）

发票代码：123456789000
发票号码：00029432

开票日期：2008-12-18

机打代码	123456789000	税控码	教学用
机打号码	00029345		
机器编号	011123987654		
收货人及纳税人识别号	滨江市红星家具厂 441702Y19191919	承运人及纳税人识别号	滨江市运输公司 441702Y28282828
发货人及纳税人识别号	滨江市木材购销公司 441702Y23232323	主管税务机关及代码	滨江市地方税务局马槽税务所 244077705

运输项目及金额	货物名称	数量（重量）	单位运价	计费里程	金额	其他项目及金额	费用名称	金额	备注
	⊗ 木材	30	30.00	50.00	900		无		起运地：滨江 到达地：滨江 类型：汽运

运费小计	¥900.00	其他费用小计	¥0.00
合计（大写）	⊗ 玖佰元整	（小写）	¥900.00

承运人盖章　　　　开票人　苏晓声

第二联发票联

图4－25　购料运费发票

原始凭证057号：转账支票存根，如图4－26所示。

中国工商银行
转账支票存根

XIV09284982

附加信息

出票日期 2008年 12月 18日

收款人：滨江市木材购销公司
金　额：76 284.00
用　途：付材料款

单位主管（章）　会计（章）

图4－26　付购料款支票存根

第三节　固定资产的核算

一、固定资产的概念

固定资产是指同时具备下列特征的有形资产：①为生产商品、提供劳务、出租或经营管理而持有；②使用寿命超过一个会计年度。

固定资产在符合定义的前提下，应当同时满足以下两个条件，才能加以确认。

（1）与该固定资产有关的经济利益很可能流入企业；

（2）该固定资产的成本能够可靠地计量。

二、固定资产的入账价值

固定资产应按其取得时的成本作为入账的价值。取得时的成本包括买价、进口关税、运输和保险等相关费用，以及为使固定资产达到预定可使用状态前所必要的支出。固定资产取得时的成本应当根据具体情况分别确定。

（1）购置的不需要经过建造即可使用的固定资产，按实际支付的买价、包装费、运输费、安装成本、交纳的有关税金等，作为入账价值。

提示

自2009年起，企业外购固定资产用于生产经营的，其符合规定的进项税额可以抵扣。

（2）自行建造的固定资产，按建造该项资产达到预定可使用状态前所发生的全部支出，作为入账价值。☆

（3）投资者投入的固定资产，应当按照投资合同或协议约定的价值确定，但合同或协议约定价值不公允的除外。在合同或协议约定价值不公允的情况下，按照该项固定资产的公允价值作为入账价值。☆

（4）在原有固定资产的基础上进行改建、扩建的，按原固定资产的账面价值，加上由于改建、扩建而使该项资产达到预定可使用状态前发生的支出，减改建、扩建过程中发生的变价收入，作为入账价值。☆

（5）盘盈的固定资产，按同类或类似固定资产的市场价格，减去按该项资产的新旧程度估计的价值损耗后的余额，作为入账价值。☆

（6）外商投资、按受捐赠、融资租入和无偿调入的固定资产，入账价值从略。

企业已经入账的固定资产，除特殊情况外，不得任意变动、调整固定资产的账面价值。

三、科目设置及核算内容

为了组织固定资产的核算，企业一般需要设置“固定资产”、“累计折旧”、“工程物资”、“在建工程”、“固定资产清理”等科目。

（1）“固定资产”科目：核算企业所有固定资产的原价。借方登记企业增加的固定资产的原价，贷方登记企业减少的固定资产的原价，期末借方余额反映企业期末固定资产的账面原价。

固定资产科目可按固定资产的经济用途和使用情况开设明细科目，包括：①生产用（生产经营用固定资产）；②非生产用（非生产经营用固定资产）；③租出（租出固定资产）；④不需用（不需用固定资产）；⑤未使用（未使用固定资产）；⑥土地；⑦融资租入（融资租入固定资产）。

上述分类中，括号内的名称为全称，括号外的可作为固定资产明细科目的简称。

企业应当设置“固定资产登记簿”和“固定资产卡片”，按固定资产类别、使用部门和每项固定资产进行明细核算。

企业作为经营性临时租入的固定资产，不作为本企业的固定资产入账核算，只在备查簿中作备查登记。发生的租赁费列入企业的成本费用，该固定资产出租方提取折旧。

购入不需要安装的固定资产，借记“固定资产”科目，贷记“银行存款”等科目。

【例4－4】 滨江市红星家具厂12月18日购入锯木机一台，供货方包送货上门并负责安装调试。

原始凭证058**号：**转账支票存根，如图4－27所示。

中国工商银行
转账支票存根
XIV09284983

附加信息

出票日期 2008年 12月 18日

收款人：	滨江市木材购销公司
金 额：	4 095.00
用 途：	付锯木机款

单位主管（章） 会计（章）

图4－27 付购锯木机款支票存根

原始凭证059**号：**增值税发票，如图4－28所示。

这是一笔购进不需安装固定资产的经济业务，总分类核算很容易，借记“固定资产”科目，贷记“银行存款”科目。但明细核算却要根据企业的特点和一致性开设明细科目。本例中，锯木机是生产用的机器设备，本企业是按固定资产分类开设明细账的，所以，应在“固定资产”科目下开设“生产经营用固定资产”明细科目，也可以简写为“生产用”。

根据第058、第059号原始凭证编制记账凭证，如图4－29所示。

财会部门核算到这一级明细，企业设备管理部门则根据有关单据登记“固定资产登记卡”，记录每台机器的生产厂家、型号、购进日期、购进时的原始价值、存放地点、预计使用年限、预计净残值、采用的折旧方法、年折旧额等资料，随着固定资产的使用，还需登记固定资产已使用年限、累计已计提的折旧额、大修理时间、大修理费用等等。

××省增值税专用发票

4400044444　　　　No 01746666

发票联　　　开票日期：2008年12月18日

购货单位	名称：	滨江市红星家具厂	密码区	教学用			
	纳税人识别号：	441702Y19191919					
	地址、电话：	滨江市石湾北路3412026					
	开户银行及账号：	滨江市工行2005085878					
货物或应税劳务名称	规格型号	单位	数量	单价	金额	税率	税额
锯木机	be306	台	1	3 500.00	3 500.00	17%	595.00
合计					3 500.00		595.00
价税合计（大写）	⊗ 万肆仟零佰玖拾伍元零角零分				（小写）¥4 095.00		
销货单位	名称：	滨江市机械公司	备注				
	纳税人识别号：	441702k43232676					
	地址、电话：	滨江市马槽路3144444					
	开户银行及账号：	滨江市工行2005096543					

第二联发票联

收款人：谭宝华　　复核：钟士海　　开票人：梁世欢　　销货单位：　滨江市机械公司（发票专用章）

图 4－28　购锯木机发票

记　账　凭　证

2008 年 12 月 18 日　　　　字第 26 号

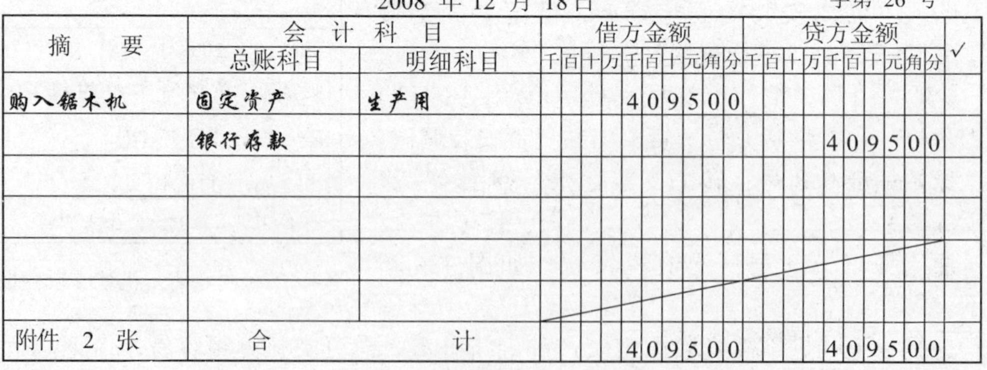

摘要	总账科目	明细科目	借方金额（千百十万千百十元角分）	贷方金额（千百十万千百十元角分）	✓
购入锯木机	固定资产	生产用	409500		
	银行存款			409500	
附件 2 张	合	计	409500	409500	

会计主管×××　　记账×××　　出纳×××　　审核×××　　制证×××

图 4－29　购锯木机编制的记账凭证

购入需要安装的固定资产，先记入“在建工程”科目。购入时，借记“在建工程”科目，贷记“银行存款”等科目；发生的安装费用，借记“在建工程”科目，贷记“银行存款”等科目；安装完成交付使用时，借记“固定资产”科目，贷记“在建工程”科目。

（2）“累计折旧”科目：本科目是“固定资产”的调整科目，核算企业所提取的固定资产折旧及固定资产折旧的累计数额。期末贷方余额反映企业固定资产折旧的累计数。累计折旧的计提方法见第五章。

（3）“工程物资”科目☆：核算企业库存的用于建造或修理本企业固定资产工程项目的各种物资的实际成本。借方登记购入工程物资的实际成本，贷方登记领出工程物资的实际成本，期末借方余额反映企业库存工程物资的实际成本。

（4）“在建工程”科目☆：核算企业为建造或修理固定资产而进行的各项建设工程、安装工程，包括固定资产新建工程、改扩建工程、大修理工程等所发生的实际支出。借方登记企业各项在建工程的实际支出，贷方登记完工工程转出的实际支出，期末借方余额反映尚未完工工程的实际成本。

（5）“固定资产清理”科目：核算企业因出售、报废和毁损等原因转入清理的固定资产净值及其在清理过程中所发生的清理费用和清理收入等。借方登记转入清理的固定资产净值和发生的费用等，贷方登记清理固定资产的变价收入和应由保险公司或过失人承担的损失等，期末余额反映企业尚未清理完毕固定资产的净值以及清理净收入（清理收入减去清理费用）。

企业出售、报废、毁损的固定资产，应通过“固定资产清理”科目进行核算，具体步骤如下：

①冲销固定资产账面价值，将账面净值转入“固定资产清理”科目。

【例3－5】 滨江市红星家具厂生产车间于12月11日向厂部提交“固定资产报废申请表”一份，请求报废刨木机一台，当天得到有关部门和人员的审核、审批签名，送交财务科作账务处理。

原始凭证024号：固定资产报废申请表，如图4－30所示。

固定资产报废申请表

2008年12月11日

项目	基本资料	部门	处理意见	签章
固定资产名称及编号	刨木机	使用部门	无法正常运转	张松
规格型号	bj205	技术鉴定小组	设备陈旧	陈冬
计量单位	台	固定资产管理部门	将到达使用年限	梁锦辉
申请报废数量	1	主管部门或领导	同意报废	包大刚
预计使用年限	6	备注		
已使用年限	5			
账面原值	3200			
已提折旧	3000			
账面折余价值	200			
报废原因	不能使用			

图4－30 固定资产报废申请表

第 024 号原始凭证其实是一张申请表和审批表的合并格式，根据图 4－30 的固定资产报废申请表进行第 1 步骤，编制记账凭证，如图 4－31 所示。

记　账　凭　证

2008 年 12 月 11 日　　　　字第 9 号

摘要	会计科目		借方金额	贷方金额	✓
	总账科目	明细科目	千百十万千百十元角分	千百十万千百十元角分	
报废刨木机	固定资产清理	刨木机	20000		
	累计折旧		300000		
	固定资产	生产用		320000	
附件 1 张	合计		320000	320000	

会计主管　　记账　　出纳　　审核　　制证× × ×

图 4－31　固定资产报废编制的记账凭证

②将发生的清理费用转入“固定资产清理”科目。

12 日，该厂请清理工人拆除该刨木机，并清理残旧废料，支付现金 100 元。

原始凭证 026 号：现金支出单，如图 4－32 所示。

滨江市红星家具厂现金支出单

2008年12月12日

支出事项	支付固定资产清理费用
金额（大写）⊗ 仟壹佰零拾零元零角零分	￥100.00

审批：　　出纳：　　领款人：张冬冬

图 4－32　固定资产清理现金支出单

根据第 026 号原始凭证进行第二步骤，编制记账凭证，如图 4－33 所示。

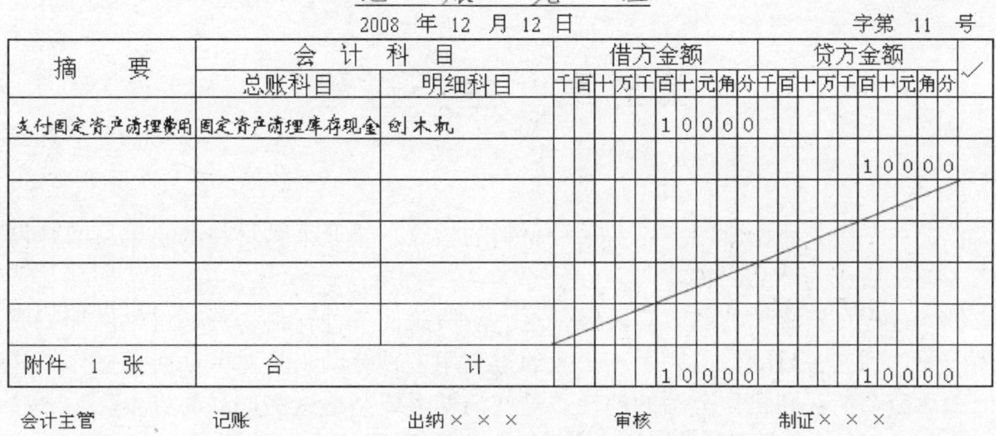

记 账 凭 证

2008 年 12 月 12 日　　字第 11 号

摘要	会计科目		借方金额	贷方金额	✓
	总账科目	明细科目	千百十万千百十元角分	千百十万千百十元角分	
支付固定资产清理费用	固定资产清理库存现金	刨木机	10000		
				10000	
附件 1 张	合	计	10000	10000	

会计主管　记账　出纳×××　审核　制证×××

图 4－33　支付固定资产清理费用编制的记账凭证

③结转固定资产清理净损失。在没有残值回收的情况下，该固定资产报废清理完毕，所发生的净损失是 300 元（固定资产的折余价值 200 元，清理费用 100 元）。固定资产报废并非企业的日常经营活动，因此，其所发生的损失列入“营业外支出”科目。根据发生的清理净损失进行第三步骤，编制记账凭证，如图 4－34 所示。

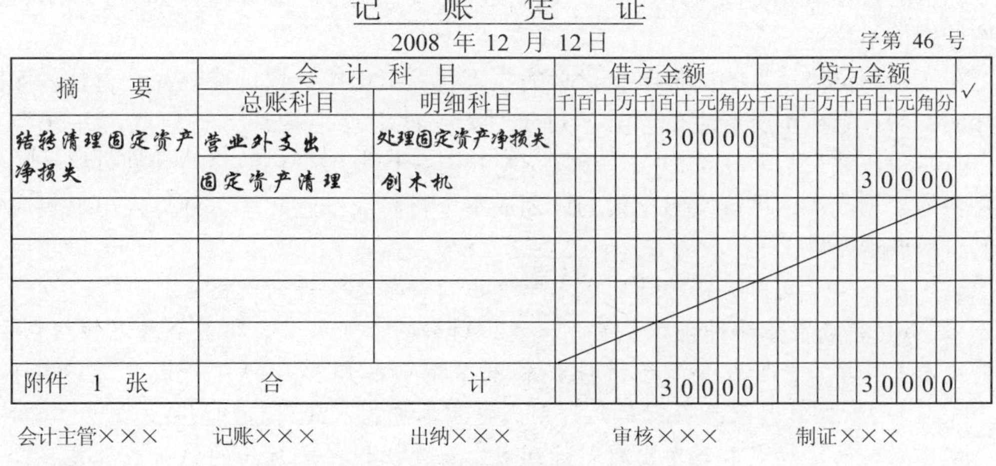

记 账 凭 证

2008 年 12 月 12日　　字第 46 号

摘要	会计科目		借方金额	贷方金额	✓
	总账科目	明细科目	千百十万千百十元角分	千百十万千百十元角分	
结转清理固定资产净损失	营业外支出	处理固定资产净损失	30000		
	固定资产清理	刨木机		30000	
附件 1 张	合	计	30000	30000	

会计主管×××　记账×××　出纳×××　审核×××　制证×××

图 4－34　结转清理固定资产记账凭证

第 46 号记账凭证有两处需要注意：

①凭证的出证日期不是紧接着 12 月 12 日之后的 12 月 13 日，而是 12 月 31 日。这是因为财务科需要确认固定资产清理没有后续费用支出后才结转净损失。因此，记账凭证编号也并非紧接第 11 号。

②附件张数没有写。由于这笔分录属于结账，结账和更正错账不需附原始凭证。

第五章　生产过程

在上一章中，我们学习了企业采购材料的核算。企业采购材料的主要目的是投入生产，加工后成为产品出售。

生产过程是资金循环的第二阶段，这一阶段是使各种材料物资通过生产加工成为产品。要达到这一目的，需要生产工人通过利用各种劳动工具对劳动对象操作，这就会产生活劳动消耗和物化劳动的消耗，这些消耗形成制造这些产品的成本。

这一过程中，我们主要的任务就是产品的生产成本的归集和结转，包括领用材料投入生产、职工薪酬的核算、制造费用的发生和分配、完工产品的生产成本的计算和结转等。

第一节　发出材料的核算

材料的收发核算可以采用按实际成本核算和按计划成本核算两种方法。本书只讲述按计划价格核算。

在按计划价格核算的前提下，材料的收入和发出均按计划价格核算，材料入库因实际成本与计划成本所产生的差异，可于月末一次汇总结转到“材料成本差异”科目，平时只按数量与计划价格入库。发出材料时，按发出材料数量与计划价格计算发出材料的计划成本，再按发出材料的计划成本×材料成本差异率，计算发出材料应负担的材料成本差异。

发出材料的计划成本＝发出材料数量×计划价格

发出材料应负担的材料成本差异＝发出材料的计划成本×材料成本差异率

材料成本差异率＝（期初结存的材料成本差异额＋本期收入的材料成本差异额）÷（月初结存材料的计划成本＋本期收入的材料计划成本）

发出材料的实际成本＝发出材料计划成本＋发出材料应负担的材料成本差异

【例5－1】　滨江市红星家具厂11月末材料成本差异账户贷方余额3 760元，原材料账户借方余额128 600元。12月原材料入库187 360元，材料成本差异借方增加6 941元。则：

材料成本差异率＝（－3 760＋6 941）÷（128 600＋187 360）

＝3 181÷315 960

≈1.0068％

实际工作中，应当编制如图 5－1 所示的材料成本差异计算表作为原始凭证。

原始凭证 092 **号：** 材料成本差异计算表（图 5－1）。

2008年12月材料成本差异计算表

项目	计划成本			材料成本差异			材料成本差异率（%）
	期初	本期收入	合计	期初	本期收入	合计	
金额	128 600.00	187 360.00	315 960.00	−3 760.00	6 941.00	3 181.00	1.0068

材料成本差异率精确到百分数后4位小数。

图 5－1　材料成本差异计算表

该厂 12 月发出材料如图 5－2 所示。

发料凭证汇总表

总账科目	明细科目	原木(立方米) 计划单价800.00元		木板(平方米) 计划单价45.00元		丝钉(公斤) 计划单价40.00元		计划成本金额合计
		数量	金额	数量	金额	数量	金额	
生产成本	书柜	35.65	28 520.00	1 143.00	51 435.00	194.00	7 760.00	87 715.00
	桌子	67.35	53 880.00	851.00	38 295.00	0.00	0.00	92 175.00
制造费用	修理费	2.10	1 680.00	0.80	36.00	5.00	200.00	1 916.00
管理费用	修理费	4.90	3 920.00	1.20	54.00	3.00	120.00	4 094.00
其他业务支出	材料销售			65.00	2 925.00			2 925.00
合　计		110.00	88 000.00	2 061.00	92 745.00	202.00	8 080.00	188 825.00

图 5－2　发料凭证汇总表

仓库能够提供最详尽的资料是各部门领用各种材料的数量和计划成本，财会部门应当充分利用这些资料编制可以用于直接编制记账凭证、便于登记账簿的“发料凭证汇总表”。

原始凭证 93 **号：** 发料凭证汇总表，如图 5－3 所示。

发料凭证汇总表

附发料单30张　　　　　　　　　　　　　　　　　　材料成本差异率：1.0068%

总账科目	明细科目	原木(立方米)		木板(平方米)		丝钉(公斤)		计划成本金额合计	应负担的材料成本差异	实际成本合计
		计划单价800.00元		计划单价45.00元		计划单价40.00元				
		数量	金额	数量	金额	数量	金额			
生产成本	书柜	35.65	28 520.00	1 143.00	51 435.00	194.00	7 760.00	87 715.00	883.11	88 598.11
	桌子	67.35	53 880.00	851.00	38 295.00	0.00	0.00	92 175.00	928.02	93 103.02
制造费用	修理费	2.10	1 680.00	0.80	36.00	5.00	200.00	1 916.00	19.29	1 935.29
管理费用	修理费	4.90	3 920.00	1.20	54.00	3.00	120.00	4 094.00	41.22	4 135.22
其他业务支出	材料销售			65.00	2 925.00			2 925.00	29.45	2 954.45
合　计		110.00	88 000.00	2 061.00	92 745.00	202.00	8 080.00	188 825.00	1 901.09	190 726.09

制表：　×××

图 5－3　发料凭证汇总表

图 5－3 中，书柜、桌子所领用的材料直接形成这两个产品的实体，应列入“生产成本”科目。生产车间所发生的费用，应当设置“制造费用”科目进行归集，再按一定标准分配到各个产品成本中去。管理部门所发生的费用支出，应设置“管理费用”科目进行核算。至于因转让（销售）而发出的材料，属于销售过程的核算内容，通过“其他业务成本”科目核算。

根据第 092、第 093 号原始凭证编制记账凭证，如图 5－4 所示。

记　账　凭　证

2008 年 12 月 31 日　　　　　　　　　　　　　　字第 49 $\frac{1}{2}$ 号

摘　要	总账科目	明细科目	借方金额（千百十万千百十元角分）	贷方金额（千百十万千百十元角分）	✓
结转本月发出材料成本	生产成本	书柜	8859811		
	生产成本	桌子	9310302		
	制造费用	修理费	193529		
	管理费用	修理费	413522		
	其他业务成本	销售材料	295445		
	原材料	原木		8800000	
附件 31 张	合	计			

会计主管　　　记账　　　出纳　　　审核　　　制证×××

图 5－4　发料编制的记账凭证二分之一

当一张记账凭证写不下一笔完整分录时，应采用分数编号法，第 49 $\frac{1}{2}$ 号凭证表示：第 49 号记账凭证总共有 2 张，本页是第 1 张，同理，下面这张凭证表示第 49 号

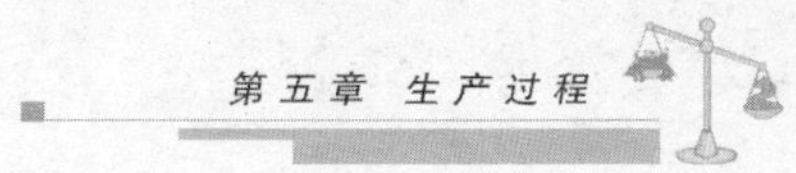

记账凭证总共有 2 张，本页是第 2 张，如图 5－5 所示。

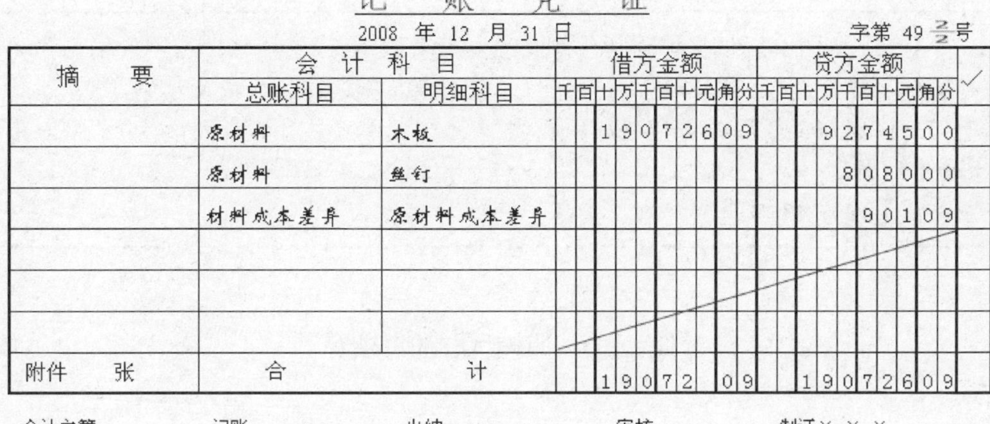

记　账　凭　证

2008 年 12 月 31 日　　字第 49 $\frac{2}{2}$ 号

摘要	会计科目		借方金额										贷方金额										✓
	总账科目	明细科目	千	百	十	万	千	百	十	元	角	分	千	百	十	万	千	百	十	元	角	分	
	原材料	木板			1	9	0	7	2	6	0	9				9	2	7	4	5	0	0	
	原材料	丝钉															8	0	8	0	0	0	
	材料成本差异	原材料成本差异																9	0	1	0	9	
附件　张	合	计			1	9	0	7	2		0	9			1	9	0	7	2	6	0	9	

会计主管　　记账　　出纳　　审核　　制证× × ×

图 5－5　发料编制的记账凭证二分之二

采用分数编号法编号时应注意下列几个问题。

（1）可以只在第一张记账凭证上写摘要，后面若干张则不必重复写同样的摘要。

（2）凭证张数可以在第一张标出，也可以在最后一张标出，但不要在中间一张标出，那样不便于核对原始凭证张数。

（3）只在最后一张凭证进行合计，前面的记账凭证合计行可以不填。

（4）“制证”等责任人必须在每张记账凭证上签章。

（5）材料或产品较多的企业，在记账凭证上可以只写出总账科目而不写所属的各个明细科目（图 5－6），登记账簿时，按所附的原始凭证汇总表（发料凭证汇总表）登记各个明细账。

记　账　凭　证

2008 年 12 月 31 日　　字第 49 号

摘要	会计科目		借方金额										贷方金额										✓
	总账科目	明细科目	千	百	十	万	千	百	十	元	角	分	千	百	十	万	千	百	十	元	角	分	
结转本月发出材料成本	生产成本	书柜			1	8	1	7	0	1	1	3											
	制造费用	修理费					1	9	3	5	2	9											
	管理费用	修理费					4	1	3	5	2	2											
	其他业务成本	销售材料					2	9	5	4	4	5											
	原材料														1	8	8	8	2	5	0	0	
	材料成本差异	原材料成本差异															1	9	0	1	0	9	
附件 31 张	合	计			1	9	0	7	2	6	0	9			1	9	0	7	2	6	0	9	

会计主管　　记账　　出纳　　审核　　制证× × ×

图 5－6　发料编制的记账凭证

在编制记账凭证过程中，应尽量反映各明细账发生额，这样做既便于审核岗位审查，也便于记账岗位登记入账。

【堂上练习 8】根据前面所编制的全部记账凭证（包括堂上练习所编制的记账凭证），开设“材料采购”明细账（丁字账），登记该科目的发生额。

1. 按第 092 号原始凭证的格式自制“材料成本差异计算表”，并将结果与书本答案核对。

2. 编制第 48 号记账凭证，摘要：结转材料成本差异。

第二节　职工薪酬的核算

一、职工薪酬、职工的含义

职工薪酬是指企业为获得职工提供的服务而给予各种形式的报酬以及其他相关支出。企业与职工之间因职工提供服务形成的关系，大多数构成企业的现时义务（也就是说企业要付工资给职工），将导致企业未来经济利益的流出，从而形成企业的一项负债。该负债在“应付职工薪酬”科目核算。

职工薪酬主要包括以下几项。

（1）职工工资、奖金、津贴和补贴。

（2）职工福利费。

（3）医疗保险费、养老保险费、失业保险费、工伤保险费、生育保险费等。

（4）住房公积金。

（5）工会经费和职工教育经费。

（6）非货币性福利。

（7）因解除与职工的劳动关系给予的补偿。

（8）其他与获得职工提供的服务相关的支出。

企业的职工包括与企业订立劳动合同的所有人员、未订立劳动合同但由企业正式任命的人员、未与企业订立劳动合同也未由其正式任命但是在企业的计划与控制下为企业提供类似职工服务的人员。

二、“应付职工薪酬”科目

（1）本科目核算企业根据有关规定应付给职工的各种薪酬。企业（外商）按规定从净利润中提取的职工奖励和福利基金，也在本科目核算。

（2）本科目可按“工资”、“职工福利”、“社会保险费”、“住房公积金”、“工

会经费”、“职工教育经费”、“非货币性福利”、“辞退福利”、“股份支付”等设立明细科目，进行明细核算。

1. “应付职工薪酬－工资”科目的核算内容

贷方登记企业应支付给职工的工资额（即分配工资费用的数额），借方登记实际支付给职工的工资额和转出的待领工资，本科目期末一般无余额。期末，如有职工因故未领取的工资，应将其转入“其他应付款”科目。

列支方向：

生产部门人员工资——计入“生产成本”、“制造费用”等科目；

研发部门人员工资——计入“研发支出”科目；

管理部门人员工资——计入“管理费用”科目；

销售部门人员工资——计入“销售费用”科目；

在建工程人员——计入“在建工程”科目。

列支的意思是，发生上述部门人员工资时，借记列支方向的科目，贷记“应付职工薪酬——工资”。

【例5－2】 滨江市红星家具厂12月17日向银行提取现金准备发放工资。

原始凭证047号：现金支票存根，如图5－7所示。

中国工商银行
现金支票存根

XIV09284935

附加信息

出票日期 2008 年12 月17 日

收款人：张大千
金　额：60 236.08
用　途：发工资

单位主管　　会计

图5－7 提现发工资之支票存根

根据图5－7的第047号原始凭证编制记账凭证，如图5－8所示。

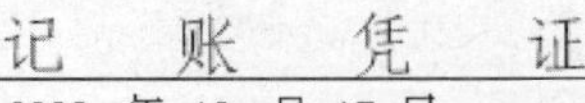

记 账 凭 证

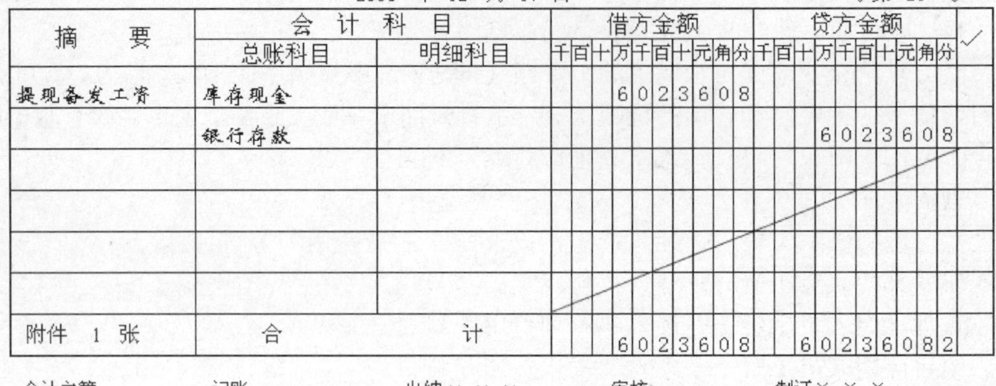

2008 年 12 月 17 日　　　　字第 21 号

摘要	总账科目	明细科目	借方金额	贷方金额	✓
提现备发工资	库存现金		6023608		
	银行存款			6023608	
附件 1 张	合计		6023608	60236082	

会计主管　　记账　　出纳××× 　　审核　　制证×××

图 5－8　提现备发工资编制的记账凭证

【例 5－3】　滨江市红星家具厂 12 月 17 日以现金形式向全体员工发放工资，财务科根据各车间、部门发放工资的签领表汇总编制《工资发放汇总表》，以该汇总表和各车间、部门发放工资的签领表作为现金支出的原始凭证，编制记账凭证。

原始凭证 048 **号：**工资发放汇总表，如图 5－9 所示。

滨江市红星家具厂工资发放汇总表

2008年12月17日　　　　单位：元

车间、部门	标准工资或计件工资	应扣工资	应发奖金及津贴	应付工资	代扣款项 水电费	代扣款项 伙食费	代扣款项 合计	实发工资
书柜生产工人	21 105.72			21 105.72	551.58	6 116.68	6 668.26	14 437.46
桌子生产工人	26 832.74			26 832.74	702.00	7 101.98	7 803.98	19 028.76
生产工人小计	47 938.46			47 938.46	1 253.58	13 218.66	14 472.24	33 466.22
车间管理人员	5 456.00	24.40	1 560.00	6 991.60	36.56	286.56	323.12	6 668.48
企业管理部门	17 462.00	156.46	2 346.00	19 651.54	1 368.34	234.87	1 603.21	18 048.33
医务室	2 000.00		200.00	2 200.00	26.71	120.24	146.95	2 053.05
合计	72 856.46	180.86	4 106.00	76 781.60	2 685.19	13 860.33	16 545.52	60 236.08

附件 5 张　　制表：陈××　　审核：张××　　审批：王××　　滨江市红星家具厂（盖章）

图 5－9　工资发放汇总表

工资发放汇总表所附的 5 张原始凭证分别是各车间、部门发放工资的签领表，这些表在书中不再一一列出，但我们在记账凭证中，附件张数应该填 6 张（包括汇总表本身）。

根据图 5－9 的第 048 号原始凭证编制记账凭证，如图 5－10 所示。

记 账 凭 证

2008 年 12 月 17 日　　　　字第 22 号

摘要	会计科目		借方金额	贷方金额	✓
	总账科目	明细科目	千百十万千百十元角分	千百十万千百十元角分	
发放工资	应付职工薪酬	工资	7678160		
	其他应付款	代扣水电费		268519	
	其他应付款	代扣伙食费		1386033	
	库存现金			6023608	
附件 6 张	合	计	7678160	7678160	

会计主管　　记账　　出纳×××　　审核　　制证×××

图 5－10　发放工资编制的记账凭证

代扣款项应列入“其他应收款”科目还是应列入“其他应付款”科目？一般情况下，企业财会部门首先垫支款项，然后从发放工资中扣回。垫支时发生企业债权的增加，应当列入“其他应收款”科目。而红星家具厂则是根据有关部门（如饭堂）有关职工消费清单先从工资中扣除，形成一项负债，因此，列入“其他应付款”科目，待饭堂等部门开列收据进行款项结算时，作为偿还负债。

原始凭证 085 号：收据，如图 5－11 所示。

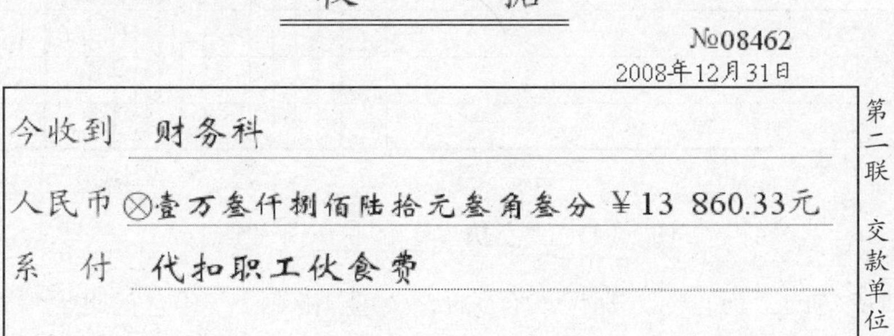

收 据

№08462

2008年12月31日

今收到 财务科

人民币⊗壹万叁仟捌佰陆拾元叁角叁分 ¥13 860.33元

系 付 代扣职工伙食费

第二联 交款单位

收款人签章：杨大伟

图 5－11　食堂收职工伙食费收据

原始凭证 086 号：现金支票存根，如图 5－12 所示。

根据第 085、086 号原始凭证编制记账凭证，如图 5－13 所示。

中国工商银行
现金支票存根
XIV09284933
附加信息

出票日期 2008 年12 月 31 日

收款人：杨大伟
金　额：13 860.33
用　途：职工伙食费

单位主管　　会计

图 5－12　付职工伙食费支票存根

记　账　凭　证

2008 年 12 月 31 日　　字第 40 号

摘　要	会计科目		借方金额									贷方金额									✓
	总账科目	明细科目	千	百	十	万	千	百	十	元	角	分	千	百	十	万	千	百	十	元	角	分	
付职工伙食费	其他应付款	代扣伙食费				1	3	8	6	0	3	3											
	银行存款															1	3	8	6	0	3	3	
附件 2 张	合	计				1	3	8	6	0	3	3				1	3	8	6	0	3	3	

会计主管　　记账　　出纳××× 　　审核　　制证×××

图 5－13　支付伙食费编制的记账凭证

企业所支付的工资，应分别记入有关成本、费用科目，其中，属于营业成本工资支出的，记入生产成本、制造费用科目，属于期间费用的工资支出，记入管理费用等科目。

【例 5－4】　滨江市红星家具厂财务科 12 月 31 日根据《工资发放汇总表》编制“工资分配汇总表”，并根据“工资分配汇总表”编制记账凭证。

第 090 号原始凭证属于自制原始凭证，财会部门在编制自制原始凭证过程中，应尽量将原始凭证设计成可以直接编制记账凭证的格式，如上例第 090 号原始凭证，直接指出应记的总账科目名称和应记入的明细科目。这样，便于编制记账凭证和审核。

原始凭证 090 号：工资分配汇总表，如图 5－14 所示。

工资费用分配汇总表

2008年12月

车间、部门	总账科目	明细科目	应分配金额
书柜生产工人	生产成本	书柜	21 105.72
桌子生产工人	生产成本	桌子	26 832.74
基本生产车间管理人员	制造费用	工资及福利费	6 991.60
企业管理部门	管理费用	工资及福利费	19 651.54
医务室	应付福利费		2 200.00
合　计			76 781.60

制表：×××

图 5－14　工资分配汇总表

根据第 090 号原始凭证，很容易编制记账凭证，如图 5－15 所示。

记　账　凭　证

2008 年 12 月 31 日　　　　字第 44 号

摘　要	会计科目		借方金额										贷方金额										✓
	总账科目	明细科目	千	百	十	万	千	百	十	元	角	分	千	百	十	万	千	百	十	元	角	分	
分配结转本月工资	生产成本	书柜				2	1	1	0	5	7	2											
	生产成本	桌子				2	6	8	3	2	7	4											
	制造费用	工资及福利费					6	9	9	1	6	0											
	管理费用	工资及福利费				1	9	6	5	1	5	4											
	应付职工薪酬	职工福利					2	2	0	0	0	0											
	应付职工薪酬	工资														7	6	7	8	1	6	0	
附件 1 张	合	计				7	6	7	8	1	6	0				7	6	7	8	1	6	0	

会计主管　　记账　　出纳　　审核　　制证×××

图 5－15　分配工资编制的记账凭证

2. “应付职工薪酬——职工福利”科目的核算

（1）本科目的核算内容：核算职工福利费的提取、使用和结存情况，借方登记实际支付的职工福利费开支；余额在贷方，表示职工福利费的结余，余额在借方，表示职工福利费的超支。

（2）职工福利费的提取。

提示

新的企业会计准则已经取消了福利费的计提，实际上指的是取消了强制性的计提比例，即工资总额的 14 %。但同时又规定，对于没有明确计提标准的货币性薪酬，

企业应根据历史经验数据和自身实际情况，计算确定应付职工薪酬金额和应计入成本费用的薪酬金额。且将原“应付工资”科目和“应付福利费”科目合并为新的“应付职工薪酬”科目。实际上由于企业用于职工福利方面的开支还存在，所以企业也可以计提福利费，只是没有强制规定计提比例而已，由企业自行决定。

企业用于职工福利方面的资金，主要来源于两个方面：一是从费用中提取的职工福利费；二是从净利润中提取的公益金（提取比例企业自行决定）。

企业从费用中提取的职工福利费，应按工资费用的用途进行分配，其列支方向（即借方科目）与工资费用的分配方法基本一致，但根据福利部门人员工资提取的职工福利费则记入“管理费用”科目的借方。

【例5－5】　滨江市红星家具厂财务科12月31日根据“工资分配汇总表”编制“职工福利费计提表”，其根据历史经验数据，确定计提比例为14 %。并据以编制记账凭证，如图5－16、图5－17所示。

应付福利费计提表

2008年12月

车间、部门	计提福利费工资总额	提取率	应计提福利费金额
书柜生产工人	21 105.72		2 954.80
桌子产品生产工人	26 832.74		3 756.58
基本生产车间管理人员	6 991.60		978.82
企业管理部门	19 651.54		2 751.22
医务室	2 200.00		308.00
合　　计	76 781.60	0.14	10 749.42

图5－16　计提职工福利费

记　账　凭　证

2008 年 12 月 31 日　　　　字第 × 号

摘　要	会计科目		借方金额										贷方金额										✓
	总账科目	明细科目	千	百	十	万	千	百	十	元	角	分	千	百	十	万	千	百	十	元	角	分	
计提职工福利费	生产成本	书柜						8	4	4	2	3											
	生产成本	桌子					1	0	7	3	3	1											
	制造费用	工资及福利费						2	7	9	6	6											
	管理费用	工资及福利费						8	7	4	0	6											
	应付职工薪酬	职工福利															3	0	7	1	2	6	
附件　1　张	合	计					3	0	7	1	2	6					3	0	7	1	2	6	

会计主管　　记账　　出纳　　审核　　制证× × ×

图5－17　计提职工福利费编制的记账凭证

提示

为避免使用者混淆原计提福利费的知识点，本笔业务未放入系统实习。

企业从净利润中提取的公益金，作为企业的一项所有者权益，列入“盈余公积”科目（这部分将在第七章中介绍）。

(3) 福利费支出的核算。

职工福利费主要用于职工个人福利方面，如职工医药费（包括企业参加职工医疗保险交纳的医疗保险费）、企业福利部门（如医务室、幼儿园、托儿所等）人员工资、企业福利部门经费、职工因公负伤赴外地就医路费、职工生活困难补助等；从净利润中提取的公益金，主要用于职工集体福利设施方面。

【堂上练习9】厂医务室12月16日向采购药品一批，原始凭证如下。

原始凭证038号：增值税发票，如图5-18所示。

××省增值税专用发票

4400088888　　No 01947788

开票日期：2008年11月16日

发票联

购货单位	名称：滨江市红星家具厂 纳税人识别号：441702Y19191919 地址、电话：滨江市石湾北路3412026 开户银行及账号：滨江市工行2005085878			密码区	教学用		
货物或应税劳务名称	规格型号	单位	数量	单价	金额	税率	税额
药剂类					988.03	17%	167.97
针剂类					3 200.00	17%	544.00
合计					4 188.03		711.97
价税合计（大写）	⊗万肆仟玖佰零拾零元零角零分				（小写）¥4 900.00		
销货单位	名称：滨江市医药公司 纳税人识别号：441702H23232777 地址、电话：滨江市南恩路3222888 开户银行及账号：滨江市工行2005088341			备注			

第二联发票联

收款人：李广大　复核：黄选国　开票人：徐大华　销货单位：滨江市医药公司（发票专用章）

图5-18 购买医药用品发票

原始凭证039号：转账支票存根，如图5-19所示。

中国工商银行 转账支票存根 XIV 09284981
附加信息
出票日期 2008 年12 月 16 日
收款人：滨江市医药公司
金　额：4 900.00
用　途：购药品
单位主管（章）　会计（章）

图 5－19　付购买医药用品款支票存根

对于在校学生，老师可以把该题作为课后作业布置，并检查学生是否已经掌握增值税核算，通过对该题的讲解加深学生的认识。

对于自学的读者，可以登陆本书给出的网址核对答案，也可以从本书后面的账页中寻找答案。

3. “应付职工薪酬——工会经费”科目的核算

为使企业的工会组织正常开展工作，规定按工资总额的 2 %计提工会经费。计提时借记“管理费用”科目，贷记“应付职工薪酬——工会经费”科目，将所提的工会经费转给工会时，借记“应付职工薪酬——工会经费”科目，贷记“银行存款”科目。

提示

在会计制度和旧会计准则中，计提工会经费分录是借记“管理费用”科目，贷记“其他应付款——工会经费”科目。请注意区别。

【例 5－6】　滨江市红星家具厂财务科 12 月 31 日根据“工资分配汇总表”编制“工会计提表”并据以编制记账凭证。

原始凭证 091 号：工会经费计提表，如图 5－20 所示。

工会经费计提表

2008年12月

车间、部门	计提工会经费工资总额	提取率	应计提福利费金额
书柜生产车间	21 105.72		422.12
桌子产品生产车间	26 832.74		536.65
基本生产车间管理部门	6 991.60		139.83
企业管理部门	19 651.54		393.03
医务室	2 200.00		44.00
合　　计	76 781.60	2%	1 535.62

图 5－20　计提工会经费

根据第 091 号原始凭证编制记账凭证，如图 5－21 所示。

记　账　凭　证

2008年12月31日　　　　字第 45 号

摘　要	会计科目		借方金额										贷方金额										✓
	总账科目	明细科目	千	百	十	万	千	百	十	元	角	分	千	百	十	万	千	百	十	元	角	分	
计提工会经费	生产成本	书柜						4	2	2	1	2											
	生产成本	桌子						5	3	6	6	5											
	制造费用	工会经费						1	3	9	8	3											
	管理费用	工会经费						3	9	3	0	3											
	应付职工薪酬	应付福利费							4	4	0	0											
	应付职工薪酬	工会经费															1	5	3	5	6	3	
附件 1 张	合	计					1	5	3	5	6	3					1	5	3	5	6	3	

会计主管　　记账　　出纳　　审核　　制证× × ×

图 5－21　计提工会经费编制的记账凭证

第三节　固定资产折旧的核算

固定资产折旧是指企业的固定资产随着其磨损而逐渐转移的价值。这部分转移的价值以折旧费的形式计入成本费用，并从营业收入中得到补偿，转化为货币资金。计提折旧不仅是为了使企业将来有能力重置固定资产，更主要的是为了把固定资产的成本分配于各受益期，实现收入与费用的配比。

企业在计提折旧时，应以月初应计折旧的固定资产账面原价为依据，当月增加的固定资产，当月不提折旧；当月减少的固定资产，当月照提折旧。

一、固定资产折旧范围

企业应当对所有的固定资产计提折旧，但是，已提足折旧仍继续使用的固定资产和单独计价入账的土地除外。已达到预定可使用状态的固定资产，如果尚未办理竣工决算的，应按估计价值暂估入账并计提折旧；待办理了竣工决算手续后，再按照实际成本调整原来的暂估价值，但不需要调整原已计提的折旧额。

二、固定资产折旧方法

企业应当根据固定资产的性质和消耗方式，恰当地选用折旧方法。折旧方法可以采用平均年限法、工作量法、双倍余额递减法、年数总和法等（本书只介绍平均年限法）。上述几种固定资产折旧方法中，双倍余额递减法和年数总和法属于加速折旧法。由于固定资产折旧方法的选用直接影响到企业成本、费用的计算，进而影响到企业的当期损益，因此，折旧方法的选用应当遵循一致性原则。折旧方法一经确定，不得随意变更，如需变更，应按照规定程序，经批准后报送有关各方备案，并应在会计报表附注中予以说明。

平均年限法，又称直线法，是将固定资产的折旧均衡地分摊到各期的一种方法。采用这种方法计算的每期折旧额均是等额的。其计算公式如下：

$$年折旧率=\frac{1-预计净残值率}{预计使用年限}\times 100\%$$

$$月折旧率=年折旧率\div 12$$

$$月折旧额=固定资产原值\times 月折旧率$$

固定资产的净残值是指预计固定资产报废时可以收回的残余价值扣除预计清理费用后的数额。净残值的确定有一定的主观性，不同类型的固定资产，其可以回收的残值有一定的差距，一般以1 %～5 %为宜。

企业一般应按月计提折旧。固定资产提足折旧后，不管能否继续使用，均不再提取折旧；提前报废的固定资产，也不再补提折旧。所谓提足折旧，是指已经提足该项固定资产应提的折旧总额。应提的折旧总额为固定资产原价减去预计残值加上预计清理费用。

采用平均年限法计提固定资产折旧的企业可以采取用综合折旧率计提的办法，也可以采用分类折旧率计提的办法。采用综合折旧率计提的，将整个企业的固定资产计算一个综合折旧率，每月按综合月折旧率×计提固定资产折旧的固定资产月初余额。这样可以减少平时计算的工作量，适合于所使用的固定资产其折旧年限大多数基本相同的企业。分类折旧是把固定资产分成若干个折旧年限基本相同的类别，每个类别计算一个折旧率，适合于大多数企业，也比综合折旧方法准确。

对于单个固定资产来说，其应计提的折旧计算如下：某企业有一厂房，原值为

500 000 元，预计可使用 20 年，按照有关规定，该厂房报废时的净残值率为 2 %。该厂房的折旧率和折旧额的计算如下：

年折旧率 =（1 – 2 %）÷ 20 × 100 % = 4.9 %

月折旧率 = 4.9 % ÷ 12 = 0.41 %

月折旧额 = 500 000 × 0.41 % = 2 050（元）

企业计提固定资产折旧时，应借记“制造费用”、“销售费用”、“管理费用”等科目，贷记“累计折旧”科目。

上例是提取生产车间厂房的折旧，应记入“制造费用”科目：

借：制造费用——折旧费　　2 050

　贷：累计折旧　　2 050

【堂上练习 10】滨江市红星家具厂采取分类折旧的方法，按平均年限法计算固定资产折旧，12 月份固定资产月初余额及各类固定资产折旧率如图 5 – 22：

要求：1. 计算填列下表。

　　　2. 编制第 43 号记账凭证。

原始凭证 089 号：折旧计提表，如图 5 – 22 所示。

固定资产折旧计提表

2008年12月31日

类别	房屋建筑		机器设备		其他设备		合计
月分类折旧率	0.30%		0.80%		0.40%		
部门	原值	折旧额	原值	折旧额	原值	折旧额	
基本生产	326 980.00		328 400.00				
管理行政	549 960.00				106 612.42		
合计							

图 5 – 22　计提折旧计算表

第四节　水电耗费的核算

对于一般生产加工企业来说，除了材料和人工的耗费之外，水、电的耗费也是必不可少的。外购水、电经济业务的特点是按月计缴支付。支付时，根据发票借记“应付账款”科目，贷记“银行存款”科目。

月末根据各部门用水量、耗电量编制分配表，借记“制造费用”、“管理费用”等科目和“应交税费——应交增值税（进项税额）”科目，贷记“应付账款”科目。

也可以在编制好“水电费分配表”之后，先未作账务处理，待缴交款项取得发票时，直接借记有关成本费用科目和“应交税费——应交增值税（进项税额）”科目，贷记“银行存款”科目。

【例 5－7】 滨江市红星家具厂 12 月 22 日发生下列经济业务。

原始凭证 062 号：转账支票存根，如图 5－23 所示。

中国工商银行
转账支票存根
XIV09284984

附加信息

出票日期 2008 年12 月 22 日

收款人：滨江市电力公司

金 额：10 100. 84

用 途：付电费

单位主管 会计

图 5－23 付电费支票存根

原始凭证 063 号：增值税发票，如图 5－24 所示。

××省增值税专用发票

4400088888 No 01947788

发票联 开票日期：2008年12月22日

购货单位	名称：	滨江市红星家具厂	密码区	教学用			
	纳税人识别号：	441702Y9191919					
	地址、电话：	滨江市石湾北路3412026					
	开户银行及账号：	滨江市工行2005085878					

货物或应税劳务名称	规格型号	单位	数量	单价	金额	税率	税额
电	三相	度	15 911	0.40	6 364.40	17%	1 081.95
电	单相	度	2 836	0.80	2 268.80	17%	385.70
合计					8 633.20		1 467.64
价税合计（大写）	⊗壹万零仟壹佰零拾零元捌角肆分				（小写）¥10 100.84		

第二联发票联

销货单位	名称：	滨江市电力公司	备注	
	纳税人识别号：	441702D23232838		
	地址、电话：	滨江市漠江路3422888		
	开户银行及账号：	滨江市工行2005088555		

收款人：黄进 复核：黄国焕 开票人：张世忠 销货单位：滨江市电力公司（发票专用章）

图 5－24 电费发票

原始凭证 064 号：动力费用分配表，如图 5－25 所示。

外购动力费用分配表

2008年12月22日

用电部门	三相电（生产用）			单相电（照明用）			合计
	用电量（度）	单价	金额	用电量（度）	单价	金额	
生产车间	15 911	0.4	6 364.40	913	0.8	730.40	7 094.80
管理部门				1 923	0.8	1 538.40	1 538.40
合　计	15 911	0.4	6 364.40	2 836	0.8	2 268.80	8 633.20

制表：×××　　　　　　　　　　复核：×××

图 5－25　动力费用分配表

根据上述第 062 ～第 064 号原始凭证编制记账凭证，如图 5－26 所示：

记　账　凭　证

2008 年 12 月 22 日　　　　　　字第 29 号

摘　要	会计科目		借方金额（千百十万千百十元角分）	贷方金额（千百十万千百十元角分）	✓
	总账科目	明细科目			
付电费	制造费用	水电费	709480		
	管理费用	水电费	153840		
	应交税费	应交增值税（进项税额）	146764		
	银行存款			1010084	
附件 3 张	合　计		1010084	1010084	

会计主管×××　　记账×××　　出纳×××　　审核×××　　制证×××

图 5－26　支付电费编制的记账凭证

【堂上练习 11】根据下列滨江市红星家具厂 12 月 22 日缴交水费有关原始凭证编制第 30 号记账凭证。

原始凭证 065 号：自来水增值税发票，如图 5－27 所示。

原始凭证 066 号：水费分配表，如图 5－28 所示。

原始凭证 067 号：转账支票存根，如图 5－29 所示。

××省增值税专用发票

4400088888　　　　№ 01949933

发票联　　　　开票日期：2008年12月22日

<table>
<tr><td rowspan="4">购货单位</td><td>名　　称：</td><td colspan="3">滨江市红星家具厂</td><td rowspan="4">密码区</td><td colspan="5" rowspan="4">教学用</td></tr>
<tr><td>纳税人识别号：</td><td colspan="3">441702Y19191919</td></tr>
<tr><td>地址、电话：</td><td colspan="3">滨江市石湾北路3412026</td></tr>
<tr><td>开户银行及账号：</td><td colspan="3">滨江市工行2005085878</td></tr>
<tr><td colspan="2">货物或应税劳务名称</td><td>规格型号</td><td>单位</td><td>数量</td><td>单价</td><td>金额</td><td>税率</td><td>税额</td></tr>
<tr><td colspan="2">自来水</td><td>工业用水</td><td>方</td><td>1 553</td><td>1.40</td><td>2 174.20</td><td>13%</td><td>282.65</td></tr>
<tr><td colspan="2">合　　计</td><td></td><td></td><td></td><td></td><td>2 174.20</td><td></td><td>282.65</td></tr>
<tr><td colspan="2">价税合计(大写)</td><td colspan="5">⊗万贰仟肆佰伍拾陆元捌角伍分</td><td colspan="2">(小写)￥2 456.85</td></tr>
<tr><td rowspan="4">销货单位</td><td>名　　称：</td><td colspan="3">滨江市自来水公司</td><td rowspan="4">备注</td><td colspan="5" rowspan="4"></td></tr>
<tr><td>纳税人识别号：</td><td colspan="3">441702Z23233333</td></tr>
<tr><td>地址、电话：</td><td colspan="3">滨江市漠江路3415888</td></tr>
<tr><td>开户银行及账号：</td><td colspan="3">滨江市工行2005044555</td></tr>
</table>

第二联发票联

收款人：梁飞　复核：陈水莲　开票人：张江　销货单位：滨江市自来水公司(发票专用章)

图 5－27　自来水发票

水费用分配表

2008年12月22日

用水部门	用水量（方）	单价	金额
生产车间	1 229.00	1.40	1 720.60
管理部门	324.00	1.40	453.60
合　计	1 553.00	1.40	2 174.20

制表：×××　　　　复核：×××

图 5－28　水费分配表

中国工商银行
转账支票存根

XIV09284985

附加信息

出票日期 2008 年12 月 22 日

收款人：滨江市自来水公司

金　额：2 456. 85

用　途：付水费

单位主管　　会计

图 5－29　付水费支票存根

【堂上练习12】滨江市红星家具厂12月23日购买办公用品一批，当即分发到各使用车间、部门。请根据下列原始凭证编制第31号记账凭证。

原始凭证068号：普通发票，如图5－30所示。

商品流通企业商品销售统一发票

购货单位：滨江市红星家具厂　　2008年12月23日　　№0036549

商品名称	规格	单位	数量	单价	超过千元无效	金额百	十	元	角	分
钢笔	英雄BG1	支	15	10.00		1	5	0	0	0
笔记本	64开	本	15	8.00		1	2	0	0	0
计算器	12位	台	15	34.00		5	1	0	0	0
合　计	柒佰捌拾零夫子角零分					7	8	0	0	0

②顾客报销

滨江市兴国商场（盖章）

图5－30　购买办公用品发票

原始凭证069号：转账支票存根，如图5－31所示。

原始凭证070号：办公用品发放表，如图5－32所示。

中国工商银行
转账支票存根
XIV09284986
附加信息

签发日期 2008年12月23日
收款人：滨江市兴国商场
金　额：780.00
用　途：购办公用品
单位主管　　　会计

图5－31　付办公用品费

办公用品发放表

2008年12月23日

领用部门	金额	签领人
生产车间	210.00	张松
管理部门	568.00	刘传方
合　　计	780.00	

制表：李孟德　　　　复核：王方

图5－32　办公用品发放表

提示

第068号原始凭证是一张购买办公用品的普通销售发票，必须详细列出购买物品的品名、数量、单价和金额，不能以“办公用品一批”来掩盖经济业务的真实性，如果品种太多，可以向销售部门索取“销售清单”作为附件。

第五节 待摊费用的摊销

提示

新的企业会计准则指南中虽然取消了“待摊费用”和“预提费用”这两个科目，但不意味着不可以使用这两个科目。当企业发生短期的确实需要进行摊提的费用时，仍然可以增加这两个科目进行核算。

待摊费用科目核算内容：核算企业已经支出，但应由本期和以后各期负担的分摊期限在1年以内（包括1年）的各项费用，如低值易耗品摊销、预付保险费等。

企业预付给保险公司的财产保险费、预付经营租赁固定资产租金等，应于预付时，借记本科目，贷记“银行存款”等科目；财产保险费应在保险的有效期限内、经营租赁固定资产租金应在租赁期间内平均摊销，借记“管理费用”、“制造费用”等科目，贷记本科目。摊销时，借记“制造费用”、“管理费用”等科目，贷记“待摊费用”科目。本科目期末借方余额，反映小企业各种已支出但尚未摊销的费用。

“待摊费用”科目应按费用种类设置明细账，进行明细核算。

【例5－8】 滨江市红星家具厂2008年1月份购买2008年全年的财产保险费7 200元，每月应摊销600元。12月末，该厂编制“费用摊销表”最后一次摊销该笔财产保险费。

原始凭证088号：费用摊销表，如图5－33所示。

费用摊销表

2008年12月31日

待摊项目	本期摊销金额	摊入科目
财产保险费	600.00	管理费用—保险费
合　计	600.00	

制表：　　　　　　审核：

图5－33 保险费摊销表

根据第088号原始凭证编制记账凭证，如图5－34所示。

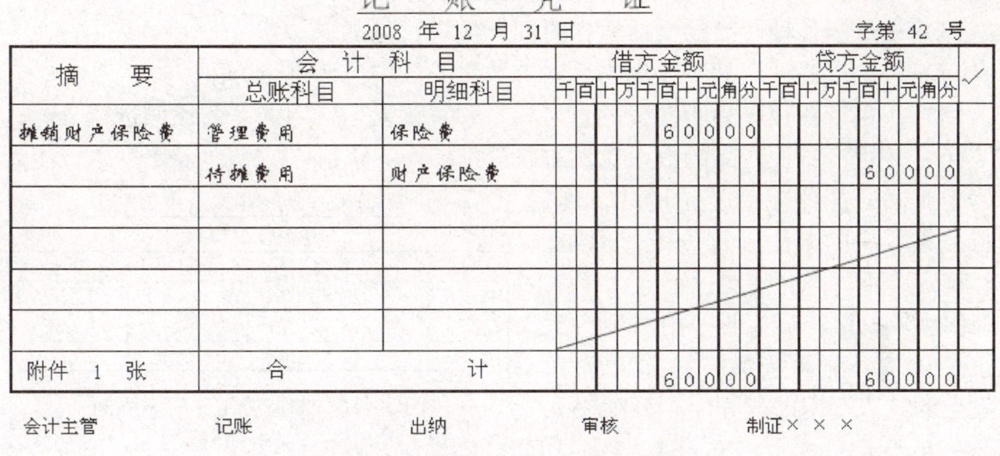

记 账 凭 证

2008 年 12 月 31 日　　　　字第 42 号

摘要	会计科目		借方金额	贷方金额	✓
	总账科目	明细科目	千百十万千百十元角分	千百十万千百十元角分	
摊销财产保险费	管理费用	保险费	60000		
	待摊费用	财产保险费		60000	
附件 1 张	合	计	60000	60000	

会计主管　　记账　　出纳　　审核　　制证× × ×

图 5－34　摊销保险费编制的记账凭证

第六节　制造费用的分配

制造费用是个集合分配账户，前面发生的经济业务已经将生产费用中的间接费用归集到“制造费用”账户去了。该账户登记情况如图 5－35 所示（学员可以用丁字账）。

制造费用明细账

基本生产车间

2008 年		凭证	摘　要	合计	办公费	水电费	折旧费	工资及福利费	修理费
月	日	编号							
11	30		制造费用合计	14 732.23	210.00	6 916.86	2 132.56	2 014.56	3 458.25
11	30	62	结转分配制造费用	14 732.23	210.00	6 916.86	2 132.56	2 014.56	3 458.25
11	30		月末余额	0.00					
12	22	29	支付电费	7 094.80		7 094.80			
12	22	30	支付水费	1 720.60		1 720.60			
12	23	31	购办公用品	212.00	212.00				
12	31	43	计提折旧	3 608.14			3 608.14		
12	31	44	结转工资	6 991.60				6 991.60	
12	31	45	计提工会经费	139.83				139.83	
12	31	$49\frac{1}{2}$	领用材料	1 935.29					1 935.29
12	31		制造费用合计	21 702.26	212.00	8 815.40	3 608.14	7 131.43	1 935.29

图 5－35　制造费用明细账

当所有的制造费用全部归集完毕之后，就要将制造费用分配到各个产品成本中去。分配方法主要有以下几种。

（1）按生产工人工资比例进行分配；

（2）按生产各种产品所耗用的工时比例进行分配；

（3）按生产各种产品的机器运作时间比例进行分配；

（4）按生产各种产品所耗用原材料的数量或成本比例进行分配；

（5）按生产各种产品所耗费的直接材料和直接人工费用的总和比例进行分配；

（6）按生产各种产品的数量比例进行分配。

企业根据自身特点选择相对合理、资料采集容易的方法进行分配。但是，一经确定，不得随意变更。

【例5-9】　某企业采用按生产工人工资比例分配制造费用的方法对12月发生的制造费用进行分配。分配表如图5-36所示。

基本生产车间制造费用分配表

2008年12月31日

产品	生产工人工资	分配率	应分配金额
甲产品	23 832.74		12 325.17
乙产品	18 725.71		9 684.036
合计	42 558.46	0.517153	22 009.23

图5-36　制造费用分配表举例

编制会计分录如下：

借：生产成本——甲产品　　12 325. 17

　　生产成本——乙产品　　9 684. 06

　　贷：制造费用　　22 009. 23

【堂上练习13】请根据滨江市红星家具厂两个产品实际发生的制造费用和生产工人工资计算填列如图5-37所示的制造费用分配表（计算结果保留6位小数），并编制第51号记账凭证。

原始凭证095号：制造费用分配表，如图5-37所示。

基本生产车间制造费用分配表

2008年12月31日

产品	生产工人工资	分配率领	应分配金额
书柜			
桌子			
合计			

分配率保留6位小数　　　　制表：

图5-37　制造费用分配表

第七节 生产费用在完工产品与在产品之间分配

生产费用包括直接成本和间接费用，直接成本中的直接材料耗费、直接人工支出均已归集到按产品品种开设明细科目的“生产成本”科目，间接费用也通过“制造费用分配表”按一定的比例分配结转到“生产成本”科目。至此，生产产品所发生的生产费用已经全部归集完毕。以“生产成本——书柜”为例，其归集的结果如图5-38所示。

生产成本明细账

产品名称：书柜

2008年 月	日	凭证编号	摘要	合计	直接材料	直接人工	制造费用
11	30		生产费用合计	122 529.68	85 560.26	26 060.46	10 908.96
11	30	61	结转完工产品成本	99 044.00	70 620.26	19 337.46	9 086.28
11	30		月末在产品成本	23 485.68	14 940.00	6 723.00	1 822.68
12	31	44	结转工资	21 105.72		21 105.72	
12	31	45	计提工会经费	422.12		422.12	
12	31	$50\frac{1}{2}$	本月耗用材料	88 598.11	88 598.11		
12	31	52	结转分配制造费用	9 824.85			9 824.85
12	31		生产费用合计	143 014.36	103 538.11	27 828.72	11 647.53

图5-38 生产成本——书柜明细账

【堂上练习14】计算并填列下列空格：

本月发生的生产费用总额是__________元。其中：直接材料__________元；直接人工__________元；制造费用__________元。

由于上月未完工的在产品继续在本月加工制造，所以12月31日“生产费用合计”行，包括了上月未完工的在产品成本和本月发生的生产费用，而“生产费用合计”又包括了本月已经完工的产品成本和本月未完工产品的成本。这就需要采用一定的方法将生产费用总额在完工产品与在产品之间进行分配。

生产费用在完工产品与在产品之间分配的方法有很多，企业应当根据产品生产的特点和管理要求选择一种既合理又简便的方法进行分配。下面提供几种分配方法以供参考。

（1）不计算月末在产品成本。这种方法适合于月末在产品数量、金额为零或接近为零的企业，如供水企业等。自来水公司的产品是自来水，在产品是流动在过滤、消毒池中的水，这部分在产品的数量与日供水量相比几乎可以忽略不计。

（2）在产品成本按年初数固定计算。这种方法适合于月末在产品数量、金额比较固定的企业，如冶炼企业等。冶炼厂每月月末时点停留在锅炉等规格容积里的在产品数量一般变化不大。

（3）按年初核定的在产品单位定额成本计算。这种方法适合于加工程序简单、材料价格稳定、在产品数量变化不稳定的企业。

（4）按在产品所耗用的直接材料成本计算。这种方法忽略人工费的因素，适用于材料耗费在生产费用中所占比例很大的企业。

（5）约当产量法。当上述方法不适合本企业时，可考虑采取这种较为普遍的方法。"约当"，就是"月末在产品数量大约相当于多少完工产品数量"的意思。书柜的生产费用总额是142 682.73元，其中包含了完工产品成本和在产品成本。

根据生产车间提供的资料，编制书柜的"产品成本计算单"，如图5－39所示。

附：产品入库单30张

产品成本计算单

2008年12月31日

完工产品：550个
在产品：300个

产品名称：书柜　　　在产品完工程度：50%

摘要	成本项目			合计
	直接材料	直接人工	制造费用	
月初在产品成本	14 940.00	6 723.00	1 822.68	23 485.68
本月发生的生产费用	88 598.11	21 105.72	9 824.85	119 528.68
生产费用合计	103 538.11	27 828.72	11 647.53	143 014.36
约当总产量（个）	700	700	700	700
完工产品单位成本				
完工产品总成本				
月末在产品总成本				

图5－39　书柜成本计算单

在产品数量300个，在原材料逐步投入的情况下，完工程度50%意味着这些产品刚好完成一半的工作量和耗用了成品所需的一半材料。那么，300个在产品就相当于做好150个书柜成品所需耗费的材料和人工，就是说：这300个在产品的成本"大约相当于"150个完工产品的成本。

在产品约当产量＝在产品数量×在产品完工程度

约当总产量＝完工产品产量＋在产品约当产量

书柜的约当总产量＝550＋150＝700（个）

完工产品单位成本＝生产费用合计÷约当总产量

完工产品总成本＝完工产品数量×完工产品单位成本

月末在产品总成本＝生产费用合计－完工产品总成本

根据上述公式计算结果如下：

原始凭证096号：产品成本计算单，如图5－40所示。

附：产品入库单30张

产品成本计算单

2008年12月31日

完工产品：550个
在产品：300个
在产品完工程度：50%

产品名称：书柜

摘要	成本项目			合计
	直接材料	直接人工	制造费用	
月初在产品成本	14 940.00	6 723.00	1 822.68	23 485.68
本月发生的生产费用	88 598.11	21 105.72	9 824.85	119 528.68
生产费用合计	103 538.11	27 828.72	11 647.53	143 014.36
约当总产量（个）	700	700	700	700
完工产品单位成本	147.91	39.76	16.64	204.31
完工产品总成本	81 351.37	21 865.42	9 151.63	112 368.42
月末在产品总成本	22 186.74	5 963.30	2 495.90	30 645.94

图5－40　书柜成本计算单

计算出完工产品成本之后，应当以成本计算单和产品进仓单为依据编制产品完工入库的记账凭证，借记“库存商品”科目，贷记“生产成本”科目。

【堂上练习15】根据097号原始凭证（图5－41）编制桌子的成本计算单，并以书柜和桌子两种产品的成本计算单、产品进仓单为依据编制第52号记账凭证。

附：产品入库单25张

产品成本计算单

2008年12月31日

完工产品：1000个
在产品：250个
在产品完工程度：60%

产品名称：桌子

摘要	成本项目			合计
	直接材料	直接人工	制造费用	
月初在产品成本				
本月发生的生产费用				
生产费用合计				
约当总产量（个）				
完工产品单位成本				
完工产品总成本				
月末在产品总成本				

图5－41　桌子成本计算单

在实际工作中，一些会计人员采用倒挤法计算在产品成本。所谓倒挤法，就是采取实地或账面盘点的方法，求出本月材料的耗用数量，全部作为本月完工产品成本。

这种做法掩盖了生产中的浪费、被盗现象，不利于企业内部控制，也不利于提高生产效率，无法监控不合格产品、废品的发生情况，是一种不提倡的做法。

第六章 销售过程

众所周知，工业企业之所以进行生产经营，其直接目的是为了赚取利润。而实现利润的主要方式就是通过销售产品。

上一章中，我们学习了生产过程的核算，产品已经生产完毕并进入产成品库，等待销售。销售过程是资金由存货形态转化为货币形态或者债权形态的过程，也就是资金回笼过程。在这一过程中，本章重点讲述商品销售收入及几种常用的结算方式。

第一节 主营业务收入

“主营业务收入”科目核算内容：用来核算企业从事其主要经营业务所取得的收入，贷方登记主营业务收入的增加，借方登记主营业务收入的减少，期末将本期实现的主营业务净收入结转到“本年利润”科目，该科目期末结转后一般无余额。该科目应按商品种类、批号等设置明细账。“主营业务收入”的确认因其方式的不同而有所不同。

（1）交款提货方式。在交款提货销售方式下，如货款已经收到，只要发票和提货单已经交给买方，无论商品是否发出，都应确认收入实现。

【例 6－1】 滨江市红星家具厂 12 月 15 日开出增值税发票，销售商品一批，购货方自带银行汇票当即结清全部货款，滨江市红星家具厂根据进账单的收款通知联和增值税发票记账联编制记账凭证。

原始凭证 035 号：增值税发票，如图 6－1 所示。

原始凭证 036 号：进账单，如图 6－2 所示。

根据上述两项原始凭证，编制记账凭证，如图 6－3 所示。

××省增值税专用发票

№ 01748890

记账联　　开票日期：2008年12月15日

购货单位	名　　称：江州市鸿发商场 纳税人识别号：441702X19193434 地址、电话：江州市天河北路8321566 开户银行及账号：天河工行2005095979	密码区	教学用				
货物或应税劳务名称	规格型号	单位	数量	单价	金额	税率	税额
书柜		个	150	280.00	42 000.00	17%	7 140.00
桌子		个	100	200.00	20 000.00	17%	3 400.00
合　计					62 000.00		10 540.00
价税合计(大写)	⊗柒万贰仟伍佰肆拾元整				(小写)￥72 540.00		
销货单位	名　　称：滨江市红星家具厂 纳税人识别号：441702Y19191919 地址、电话：滨江市石湾北路3412026 开户银行及账号：滨江市工行2005085878	备注					

第二联记账联

收款人：张中汉　复核：王晓棠　开票人：徐少华　销货单位：滨江市红星家具厂(发票专用章)

图6－1　销售产品增值税专用发票

工商银行进账单(收账通知)　　3

2008年12月15日　　第　号

出票人	全称	江州市鸿发商场	收款人	全称	滨江市红星家具厂
	账号	2005095979		账号	2005085878
	开户银行	工商银行天河分行		开户银行	工商银行滨江分行
金额	人民币(大写)	⊗柒万贰仟伍佰肆拾元整			￥7254000 0 (亿千百十万千百十元角分: ￥ 7 2 5 4 0 0 0)
票据种类	银行汇票	票据张数	1		
票据号码	BA0100003322				
复核　记账					收款人开户银行盖章

此联是银行交给收款人的回单

图6－2　销售产品进账单

记　账　凭　证

2008 年 12 月 15 日　　字第 17 号

摘要	总账科目	明细科目	借方金额	贷方金额	✓
销售产品	银行存款		7254000		
	主营业务收入	书柜		4200000	
	主营业务收入	桌子		2000000	
	应交税费	应交增值税(销项税额)		1054000	
附件 2 张	合　计		7254000	7254000	

会计主管　记账　出纳 ×××　审核　制证 ×××

图6－3　销售产品编制的记账凭证

（2）托收承付结算方式。托收承付是根据购销合同由收款人发货后委托银行向异地付款人收取款项，由付款人向银行承认付款的结算方式。收款人办理托收，必须具有商品确已发出的证件（包括铁路、航运、公路等运输部门签发的运单、运单副本或邮局包裹回执）及其他有效证件。收款单位对于托收款项，根据银行的收账通知和有关的原始凭证，据以编制记账凭证；付款单位对于承付的款项，应于承付时根据托收承付结算凭证的承付支款通知和有关发票账单等原始凭证，据以编制记账凭证。如拒绝付款，属于全部拒付的，不作账务处理；属于部分拒付的，付款部分按上述规定处理，拒付部分不作账务处理。

采用托收承付结算方式销售商品时，应在发出商品并办妥托收手续时确认收入实现。

【例6－2】 滨江市红星家具厂12月4日开出增值税发票，销售商品一批，发货后，凭销售发票、货物运输发票、购销合同向银行办理托收承付业务。

原始凭证011**号**：增值税发票，如图6－4所示。

××省增值税专用发票

4400044444　　　　№ 01748889

记账联　　　　开票日期：2008年12月04日

购货单位	名　　称：江州市鸿发商场 纳税人识别号：441702X19193434 地址、电话：江州市天河北路8321566 开户银行及账号：天河工行2005095979			密码区	教学用		
货物或应税劳务名称	规格型号	单位	数量	单价	金额	税率	税额
书柜		个	200	280.00	56 000.00	17%	9 520.00
桌子		个	200	200.00	40 000.00	17%	6 800.00
合　计					96 000.00		16 320.00
价税合计(大写)	⊗壹拾壹万贰仟叁佰贰拾元整				(小写)￥112 320.00		
销货单位	名　　称：滨江市红星家具厂 纳税人识别号：441702Y19191919 地址、电话：滨江市石湾北路3412026 开户银行及账号：滨江市工行2005085878			备注			

第二联记账联

收款人：张中汉　　复核：王晓棠　　开票人：徐少华　　销货单位：滨江市红星家具厂(发票专用章)

图6－4　销售产品增值税专用发票

原始凭证012**号**：托收受理回单，如图6－5所示。

托收凭证（受理回单）　　1

委托日期 2008年12月4日　　付款期限2008年12月17日

业务类型	委托收款（□邮划□电划）　托收承付（□邮划☑电划）					
付款人	全　称	江州鸿发商场	收款人	全　称	滨江市红星家具厂	
	账　号	2005088659		账　号	2005085878	
	地　址	××省江州市县　开户银行　工行江州分行		地　址	××省滨州市县	开户银行　工商银行滨江分行
金额	人民币（大写）	⊗壹拾壹万伍仟叁佰贰拾元整				亿 千 百 十 万 千 百 十 元 角 分 ¥ 1 1 5 3 2 0 0 0
款项内容	货款及代垫运费	托收凭据名称	增值税发票、运费发票、购销合同书	附寄单证张数	3张	
商品发运情况	货物已交运输公司发出		合同名称号码	购销合同BJ00751		
备注： 复核　记账	款项收妥日期 年　月　日		收款人开户银行盖章 年　月　日			

此联作收款人开户银行给收款人的受理回单

图6－5　销售产品货款托收凭证回单

一般情况下，运费应该由买方负担，销货方可以代购货方暂时垫支由销方发往买方的运费，并连同货款一起委托银行向购货方收取。图6－6所示第013号原始凭证是红星家具厂代购货方垫支的运费。

原始凭证013**号**：转账支票存根，如图6－6所示。

中国工商银行 转账支票存根 XIV09284995
附加信息
出票日期 2008 年12 月 4 日
收款人：滨江市运输公司
金　额：3 000. 00
用　途：付运费
单位主管　　会计

图6－6　销售产品付代垫运费

根据上述3张原始凭证编制记账凭证，如图6－7所示。

记 账 凭 证

2008 年 12 月 4 日 字第 4 号

摘要	会计科目 总账科目	会计科目 明细科目	借方金额（千百十万千百十元角分）	贷方金额（千百十万千百十元角分）	✓
销售产品	应收账款	江州鸿发商场	11532000		
	主营业务收入	书柜		5600000	
	主营业务收入	桌子		4000000	
	应交税费	应交增值税(销项税额)		1632000	
	银行存款			300000	
附件 3 张	合	计	11532000	11532000	

会计主管　记账　出纳×××　审核　制证×××

图6－7　销售产品编制的记账凭证

【堂上练习16】根据第049、第050、第052号原始凭证编制第23号记账凭证。

原始凭证049号：增值税发票，如图6－8所示。

××省增值税专用发票

4400044444　　记账联　　№ 01748892

开票日期：2008年12月17日

购货单位	名 称：江州市鸿发商场 纳税人识别号：441702X19193434 地 址 、 电 话：江州市天河北路8321566 开户银行及账号：工行江州分行2005095979	密码区	教学用				
货物或应税劳务名称	规格型号	单位	数量	单价	金额	税率	税额
书柜		个	100	290.00	29 000.00	17%	4 930.00
桌子		个	100	210.00	21 000.00	17%	3 570.00
合 计					50 000.00		8 500.00
价税合计(大写)	⊗伍万捌仟伍佰元整				(小写)¥58 500.00		
销货单位	名 称：滨江市红星家具厂 纳税人识别号：441702Y19191919 地 址 、 电 话：滨江市石湾北路3412026 开户银行及账号：滨江市工行2005085878	备注					

第二联 记账联

收款人：张中汉　复核：王晓棠　开票人：徐少华　销货单位：滨江市红星家具厂(发票专用章)

图6－8　销售产品增值税专用发票

原始凭证050**号**：托收受理回单，如图6－9所示。

托收凭证（受理回单）　　1

委托日期 2008年12月17日　　付款期限2008年12月27日

业务类型	委托收款（□邮划□电划）　托收承付（□邮划 √电划）						
付款人	全称	江州鸿发商场		收款人	全称	滨江市红星家具厂	
	账号	2005088659			账号	2005085878	
	地址	××省江州市	开户银行 工行江州分行		地址	××省滨江市	开户银行 工商银行滨江分行
金额	人民币（大写）	⊗陆万零叁佰元整				亿千百十万千百十元角分	¥60300 00
款项内容	货款及代垫运费	托收凭据名称	增值税发票、运费发票、购销合同书			附寄单证张数	3张
商品发运情况	货物已交运输公司发出					合同名称号码	购销合同BJ00756
备注： 复核　记账	款项收妥日期 年　月　日					收款人开户银行盖章 年　月　日	

此联作收款人开户银行给收款人的受理回单

图6－9　销售产品货款托收凭证回单

原始凭证052**号**：转账支票存根，如图6－10所示。

中国工商银行
转账支票存根
XIV09284988

附加信息

出票日期 2008 年12 月17日

收款人：滨江市运输公司
金　额：1 800.00
用　途：付运费

单位主管 ××× 会计 ×××

图6－10　销售产品付运费

【堂上练习17】根据第071～073号原始凭证编制第32号记账凭证，并要求签发转账支票（第073号原始凭证）。

原始凭证071号：增值税发票，如图6－11所示。

××省增值税专用发票

4400044444　　　　№ 01748893

记账联　　　　开票日期：2008年12月24日

购货单位	名称：	江州市鸿发商场	密码区	教学用			
	纳税人识别号：	441702X19193434					
	地址、电话：	江州市天河北路8321566					
	开户银行及账号：	天河工行2005095979					
货物或应税劳务名称	规格型号	单位	数量	单价	金额	税率	税额
书柜		个	300	285.00	85 500.00	17%	14 535.00
桌子		个	400	210.00	84 000.00	17%	14 280.00
合计					169 500.00		28 815.00
价税合计(大写)	⊗壹拾玖万捌仟叁佰壹拾伍元零角零分				(小写)¥ 198 315.00		
销货单位	名称：	滨江市红星家具厂	备注				
	纳税人识别号：	441702Y19191919					
	地址、电话：	滨江市石湾北路3412026					
	开户银行及账号：	滨江市工行2005085878					

第二联 记账联

收款人：张中汉　复核：王晓棠　开票人：徐少华　销货单位：滨江市红星家具厂(发票专用章)

图6-11　销售产品增值税专用发票

原始凭证072号： 托收受理回单，如图6-12所示。

托收凭证(受理回单)　1

委托日期 2008年12月24日　　　付款期限2008年12月31日

业务类型	委托收款(□邮划 □电划)　托收承付(□邮划 ☑电划)					
付款人	全称	江州鸿发商场	收款人	全称	滨江市红星家具厂	
	账号	2005088659		账号	2005085878	
	地址	××省江州市县　开户银行　工行江州分行		地址	××省滨江市县　开户银行　工商银行滨江分行	
金额	人民币(大写)	贰拾万叁仟叁佰壹拾伍元整			亿千百十万千百十元角分 ¥ 2 0 3 3 1 5 0 0	
款项内容	货款及代垫运费	托收凭据名称	增值税发票、运费发票、购销合同书	附寄单证张数	3张	
商品发运情况	货物已交运输公司发出		合同名称号码	购销合同BJ00759		
备注： 复核　记账	款项收妥日期 年　月　日		收款人开户银行盖章 年　月　日			

此联作收款人开户银行给收款人的受理回单

图6-12　销售产品货款托收凭证回单

原始凭证073号： 转账支票，如图6-13所示。

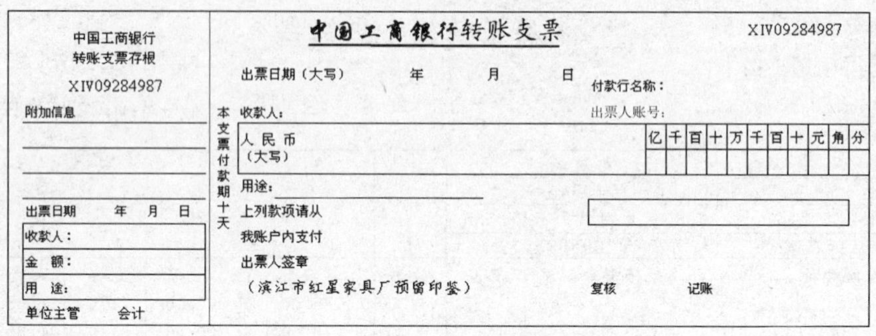

中国工商银行
转账支票存根
XIV09284987
附加信息

出票日期　年　月　日
收款人：
金　额：
用　途：
单位主管　会计

中国工商银行转账支票　XIV09284987

出票日期（大写）　年　月　日　付款行名称：
本支票付款期十天
收款人：　出票人账号：
人民币（大写）　亿 千 百 十 万 千 百 十 元 角 分
用途：
上列款项请从
我账户内支付
出票人签章
（滨江市红星家具厂预留印鉴）　复核　记账

图 6－13　销售产品付代垫运费支票

采用预收货款销售方式，应在商品发出时确认收入实现。其他结算方式不一一介绍。

第二节　其他业务收入

“其他业务收入”科目核算内容：核算企业从事主营业务以外的其他经营活动实现的收入。贷方登记其他业务收入的增加数，借方登记其他业务收入的减少，期末将本期实现的其他业务净收入结转到“本年利润”科目，该科目期末结转后一般无余额。该科目按具体业务开设明细科目。

【例 6－3】　滨江市红星家具厂 12 月 2 日转让 65 平方米木板给石湾家具厂，当即收到转账支票并存入银行。

原始凭证 007 号：增值税发票，如图 6－14 所示。

××省增值税专用发票

4400044444　№ 01748888

记账联　开票日期：2008年12月02日

购货单位		密码区	
名　　称：	滨江市石湾家具厂		教学用
纳税人识别号：	441702Y19192828		
地址、电话：	滨江市石湾北路3412016		
开户银行及账号：	滨江市工行2005095979		

货物或应税劳务名称	规格型号	单位	数量	单价	金额	税率	税额
木板	10mm	平方米	65	55.00	3575.00	17%	607.75
合　　计					3575.00		607.75
价税合计（大写）	⊗万肆仟壹佰捌拾贰元柒角伍分				（小写）￥4182.75		

销货单位		备注	
名　　称：	滨江市红星家具厂		
纳税人识别号：	441702Y19191919		
地址、电话：	滨江市石湾北路3412026		
开户银行及账号：	滨江市工行2005085878		

第二联记账联

收款人：张中汉　复核：王晓棠　开票人：徐少华　销货单位：　滨江市红星家具厂（发票专用章）

图 6－14　销售材料增值税专用发票

原始凭证 008 号：进账单，如图 6－15 所示。

工商银行**进账单**（收账通知） 3

2008年12月2日 第 号

<table>
<tr><td rowspan="3">出票人</td><td>全　称</td><td>滨江市石湾家具厂</td><td rowspan="3">收款人</td><td>全　称</td><td colspan="2">滨江市红星家具厂</td><td rowspan="6">此联是银行交给收款人的回单</td></tr>
<tr><td>账　号</td><td>2005095979</td><td>账　号</td><td colspan="2">2005085878</td></tr>
<tr><td>开户银行</td><td>工商银行滨江分行</td><td>开户银行</td><td colspan="2">工商银行滨江分行</td></tr>
<tr><td>金额</td><td>人民币（大写）</td><td colspan="3">肆仟壹佰捌拾贰元柒角伍分</td><td colspan="2">亿 千 百 十 万 千 百 十 元 角 分
¥ 4 1 8 2 7 5</td></tr>
<tr><td colspan="2">票据种类</td><td>支票　票据张数　1</td><td colspan="4" rowspan="2"></td></tr>
<tr><td colspan="2">票据号码</td><td></td></tr>
<tr><td colspan="3">复核　　记账</td><td colspan="4">收款人开户银行盖章</td><td></td></tr>
</table>

图 6－15　销售材料货款进账单

转让材料与销售商品一样，都是货物销售，但它不是企业的主营业务。根据第 007、第 008 号原始凭证编制记账凭证，如图 6－16 所示。

记　账　凭　证

2008 年 12 月 2 日　　字第 2 号

摘要	总账科目	明细科目	借方金额	贷方金额	✓
销售材料木板	银行存款		418275		
	其他业务收入	木板		357500	
	应交税费	应交增值税(销项税额)		60775	
附件 2 张	合	计	418275	418275	

会计主管　　记账　　出纳 ×××　　审核　　制证 ×××

图 6－16　销售材料编制的记账凭证

第三节　应收账款的回收与坏账准备

“应收账款”科目的核算内容：核算企业因销售商品、产品、提供劳务等，应向购货单位或接受劳务单位收取的款项。发生应收账款时，按应收金额，借记本科目，按实现的销售收入，贷记“主营业务收入”等科目，按专用发票上注明的增值税额，贷记“应交税费——应交增值税（销项税额）”科目；收回应收账款时，借记“银行存款”等科目，贷记本科目。

一、收回应收账款

【例 6－4】　滨江市红星家具厂 12 月 12 日收到余杭市家具商场承付的货款，根据银行转来的收账通知编制记账凭证。

原始凭证 028 **号：**收账通知，如图 6－17 所示。

托收凭证（收账通知）　　4

委托日期 2008年11月24日　　付款期限 2008年12月12日

业务类型	委托收款（□邮划 □电划）　托收承付（□邮划 ☑电划）				
付款人	全称	余杭市家具商场	收款人	全称	滨江市红星家具厂
	账号	3005085333		账号	2005085878
	地址	XX省余杭市县　开户银行　工行余杭分行		地址	XX省滨江市县　开户银行　工行银行滨江分行
金额	人民币（大写）	⊗柒万零陆佰叁拾元整		亿千百十万千百十元角分	￥7063000
款项内容	货款及代垫运费	托收凭据名称	增值税发票、运费发票、购销合同书	附寄单证张数	3张
商品发运情况	货物已交运输公司发出		合同名称号码	购销合同BJ00756	
备注： 复核　记账	上列款项已划回收入你方账户内。 收款人开户银行签章 2008年12月12日				

此联作收款人开户银行作收账通知

图 6－17　收账通知

根据上述收账通知，编制记账凭证，如图 6－18 所示。

记　账　凭　证

2008 年 12 月 12 日　　字第 13 号

摘要	会计科目		借方金额										贷方金额										✓
	总账科目	明细科目	千	百	十	万	千	百	十	元	角	分	千	百	十	万	千	百	十	元	角	分	
收余杭家具商场货款	银行存款					7	0	6	3	0	0	0											
	应收账款	余杭家具商场														7	0	6	3	0	0	0	
附件 1 张	合	计				7	0	6	3	0	0	0				7	0	6	3	0	0	0	

会计主管　　记账　　出纳 ×××　　审核　　制证 ×××

图 6－18　收余杭货款编制的记账凭证

【例6-5】 滨江市红星家具厂12月20日收到银行转来的托收承付结算部分拒绝承付理由书及货物验收单，证明货物合格，同意支付货款，但拒付运费。红星家具厂经核对，购销合同确实规定运费由销货方负担。

原始凭证075号：收账通知，如图6-19所示。

托收承付/委托收款 结算 全部/部分 拒绝承付理由书（代通知或收账通知） 4

拒付日期 2008年12月20日 托收号：003345

付款人	全称	江州鸿发商场	收款人	全称	滨江市红星家具厂
	账号	2005088659		账号	2005085878
	开户银行	工商银行江州分行		开户银行	工商银行滨江分行
托收金额	60 300.00	拒付金额	1 800.00	部分付款金额	¥58 500.00
附寄单证	1张	部分付款金额（大写）	⊗伍万捌仟伍佰元整		
拒付理由	拒付运费，根据合同规定，运费应由销货方负担。 付款人签章		复核 记账		

此联银行给收款人作收账通知或全部拒付通知书

图6-19 收账通知

为销售商品而发生的运输费用，应当列入“销售费用”科目。根据第075号原始凭证编制记账凭证，如图6-20所示。

记 账 凭 证

2008 年 12 月 24 日 字第 33 号

摘要	总账科目	明细科目	借方金额	贷方金额	✓
收江州鸿发商场货款	银行存款		5850000		
	销售费用	运输费	180000		
	应收账款	江州鸿发商场		6030000	
附件 1 张	合计		6030000	6030000	

会计主管 记账 出纳××× 审核 制证×××

图6-20 收鸿发货款编制的记账凭证

【例6-6】 滨江市红星家具厂12月4日委托银行以办理托收承付结算向江州鸿发商场收取货款，12月17日收到银行转来的托收承付结算收款通知及货物验收单。

原始凭证053号：收账通知，如图6-21所示。

托收凭证（收账通知） 4

委托日期 2008年12月4日　　付款期限2008年12月17日

业务类型	委托收款（□邮划 □电划）		托收承付（□邮划 ☑电划）		
付款人 全称	江州鸿发商场		收款人 全称	滨江市红星家具厂	
付款人 账号	2005088659		收款人 账号	2005085878	
付款人 地址	XX省江州市县	开户银行：工行天河分行	收款人 地址	XX省滨江市县	开户银行：工商银行滨江分行
金额 人民币（大写）	⊗壹拾壹万伍仟叁佰贰拾元整			亿千百十万千百十元角分	￥11532000
款项内容	货款及代垫运费	托收凭据名称	增值税发票、运费发票、购销合同书	附寄单证张数	3张
商品发运情况	货物已交运输公司发出		合同名称号码	购销合同BJ00756	
备注： 复核　记账	上列款项已划回收入你方账户内。 收款人开户银行签章 2008年12月17日				

此联作收款人开户银行作收账通知

图6-21 收账通知

备注：

(1) 这是全额承付的收账通知，现时可能采用“银行支付系统专用凭证”的格式作为收账通知。

(2) 附记单证张数是12月4日办理托收时填写的张数，付款人承付后不再返回附件，但附寄货物验收单，实际工作中，按实际收到的单据填写附件张数。

根据第053号原始凭证编制记账凭证，如图6-22所示。

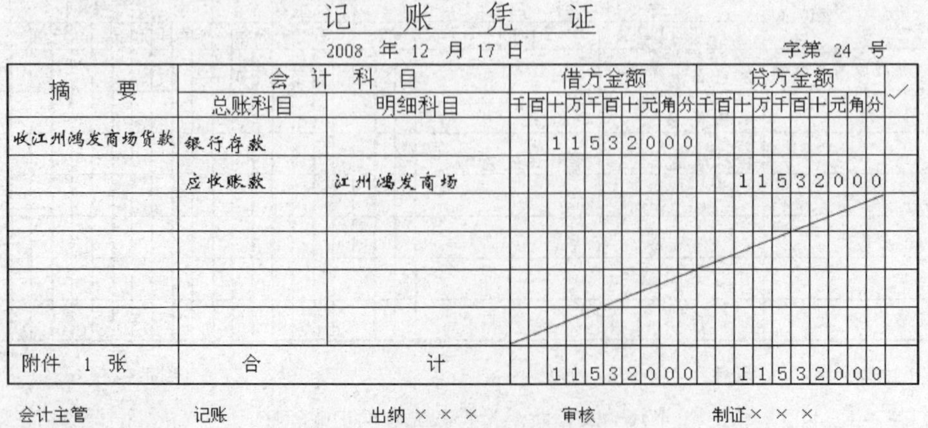

记 账 凭 证

2008 年 12 月 17 日　　字第 24 号

摘要	会计科目 总账科目	明细科目	借方金额（千百十万千百十元角分）	贷方金额（千百十万千百十元角分）	✓
收江州鸿发商场货款	银行存款		11532000		
	应收账款	江州鸿发商场		11532000	
附件 1 张	合	计	11532000	11532000	

会计主管　　记账　　出纳××　　审核　　制证××

图6-22 收鸿发货款编制的记账凭证

【堂上练习18】根据第060号原始凭证编制第27号记账凭证，原始凭证如图6－23所示。

工商银行进账单（收账通知） 3

2008年12月20日　　第　号

出票人	全　称	南海华天公司	收款人	全　称	滨江市红星家具厂
	账　号	8005078787		账　号	2005085878
	开户银行	中国银行西南分行		开户银行	工商银行滨江分行
金额	人民币（大写）	⊗陆万肆仟元整		亿千百十万千百十元角分	￥6400000
票据种类	银行汇票	票据	1		
票据号码	BT0800003355				
复核　记账				收款人开户银行盖章	

此联是开户银行交给收款人的收账通知

图6－23　收账通知

二、坏账准备的核算

坏账是指企业无法收回的应收账款。由于发生坏账而造成的损失称为坏账损失。符合下列条件之一者，可以确认为坏账。

（1）因债务人破产或死亡，以其破产或遗产偿债后，确实不能收回的应收账款；

（2）因债务人逾期履行偿债义务超过3年，经核查确实无法收回的应收账款。

企业对于不能收回的应收账款应查明原因，对确实无法收回的，经批准作为坏账损失处理。坏账损失的核算有两种方法：直接转销法和备抵法。

1. 直接转销法

直接转销法是指将确认的坏账损失直接计入当期损益，冲销应收账款的方法。确认坏账损失时，直接借记“管理费用”科目，贷记“应收账款”科目；如果已转销的应收账款又收回时，一方面应按实际收回的金额编制“还原”分录，借记“应收账款”科目，贷记“管理费用”科目，另一方面编制正常的收款分录，借记“银行存款”科目，贷记“应收账款”科目。

直接转销法处理方法较简单，但由于没有及时将可能收不回来的应收账款列入损益予以消化，在一定程度上夸大了资产负债表上应收账款的可实现净值，不符合谨慎性原则。

2. 备抵法

备抵法是指按期估计坏账损失，提取坏账准备并计入当期损益，实际发生坏账损失时再冲销坏账准备的方法。会计制度规定企业实行备抵法。

"坏账准备"科目的核算内容：在备抵法下，企业应设置"坏账准备"科目，贷方登记每期预提的坏账准备数额，借方登记实际发生的坏账损失数额，余额一般在贷方，表示已预提但尚未转销的坏账准备数额。本科目是"应收账款"科目的备抵科目，在资产负债表中列为"应收账款"项目的减项，以反映应收账款的净额，从而真实反映企业的财务状况。提取坏账准备时，借记"资产减值损失"科目，贷记"坏账准备"科目；发生坏账损失时，借记"坏账准备"科目，贷记"应收账款"科目。已确认并转销的坏账又收回时，借记"应收账款"科目，贷记"坏账准备"科目，同时借记"银行存款"科目，贷记"应收账款"科目。

【例6-7】 滨江市红星家具厂财务科12月26日提交坏账处理申请，当日获得批准。

原始凭证082号：坏账处理报告单，如图6-24所示。

坏账处理报告单

2008年12月26日

单位名称	江州南华公司
申请处理金额	伍仟元整　　　　¥5 000.00
坏账产生原因	该公司已注销，确实无法收回。
企业负责人意见	董事会审批
同意核销 ××× 12月28日	同意 （盖章）12月28日

图6-24　坏账处理报告单

坏账处理报告单或申请表并没有严格的格式，财会部门作为原始凭证依据，必须具备按规定程序审批的有关签章。根据取得有效签章的原始凭证编制记账凭证，如图6-25所示。

记　账　凭　证

2008 年 12 月 28 日　　　　字第 37 号

摘要	会计科目		借方金额										贷方金额										✓
	总账科目	明细科目	千	百	十	万	千	百	十	元	角	分	千	百	十	万	千	百	十	元	角	分	
处理坏账损失	坏账准备						5	0	0	0	0	0											
	应收账款	江州南华公司															5	0	0	0	0	0	
附件 1 张	合	计					5	0	0	0	0	0					5	0	0	0	0	0	

会计主管　　记账　　出纳×××　　审核　　制证×××

图6-25　核销坏账编制的记账凭证

坏账损失的估计方法主要有应收账款余额百分比法、账龄分析法和销货百分比法3种。我国现行分行业财务会计制度规定采用应收账款余额百分比法，按照应收账款余额的3‰～5‰计提坏账准备，本书只介绍应收账款余额百分比法。

按应收账款余额百分比法计提坏账准备，就是要保证“坏账准备”科目期末余额达到期末应收账款余额的一定比例。如：应收账款期末余额1000万元，如果按5‰计算，则“坏账准备”科目应在计提坏账准备后期末余额达到5万元。如果计提坏账准备前，“坏账准备”科目的余额已经达到5万元，则不必再计提；如果计提坏账准备前，“坏账准备”科目的余额已有3万元，则只需计提2万元；如果计提坏账准备前，“坏账准备”科目的余额是借方3万元，则需计提8万元。

【例6-8】 某企业2008年11月30日“坏账准备”科目贷方余额2 000元，12月20日冲销坏账损失3 000元，12月末应收账款余额100万元，坏账准备提取率4‰，则：

（1）“坏账准备”科目12月末应达到的余额是：100万元×4‰=4 000元。

（2）计提前“坏账准备”科目余额是：2 000-3 000=-1 000元（即借方余额）。

（3）要保证“坏账准备”科目余额达到4 000元，还需计提：4 000-(-1 000)=5 000元。

编制会计分录：

借：资产减值损失——计提的坏账准备　　5 000

　　贷：坏账准备　　5 000

【堂上练习19】练习坏账准备的计提。

（1）用丁字账登记“坏账准备”和“应收账款”月初余额和本月发生额。

（2）编制“坏账准备”计提表。

（3）根据已编制“坏账准备”计提表编制第50记账凭证。

原始凭证094号：坏账准备计提表，如图6-26所示。

坏账准备计提表

2008年12月31日

项　目	金额或比率
应收账款月末余额	
坏账准备提取率	4‰
“坏账准备”科目期末余额	
“坏账准备”科目计提前余额	
本月应提坏账准备	

图6-26　坏账准备计提表

第七章　利润及利润分配

工业企业生产经营的直接目的是赚取利润。通过前面几章的学习，我们学会了为企业采购材料、生产产品及销售产品进行会计核算（即编制记账凭证），这些记账凭证反映了企业属于本期的收入和成本费用。

根据“收入 - 费用 = 利润”这一会计等式，我们知道，利润是企业一定期间生产经营活动的成果，是企业当期收入与当期成本费用配比产生的差额。通过登记会计账簿，对这些经济业务进行系统地记录，将收入与成本费用进行配比，反映企业经营成果和对这些成果进行分配。

第一节　记　　账

记账是指根据编制好的记账凭证登记账簿，本书在第二章已经讲述登记账簿的部分内容，下面以第 44 号记账凭证为例，讲解登记账簿过程。

【例 7 - 1】　第一步：检查记账凭证是否已经审核，有关人员是否已经签章。如图 7 - 1 所示。

记　账　凭　证

2008 年 12 月 31 日　　　　字第 44 号

摘　要	会计科目		借方金额										贷方金额										✓
	总账科目	明细科目	千	百	十	万	千	百	十	元	角	分	千	百	十	万	千	百	十	元	角	分	
分配结转本月工资	生产成本	书柜				2	1	1	0	5	7	2											
	生产成本	桌子				2	6	8	3	2	7	4											
	制造费用	工资及福利费					6	9	9	1	6	0											
	管理费用	工资及福利费				1	9	6	5	1	5	4											
	应付职工薪酬	职工福利					2	2	0	0	0	0											
	应付职工薪酬	工资														7	6	7	8	1	6	0	
附件 1 张	合	计				7	6	7	8	1	6	0				7	6	7	8	1	6	0	

会计主管×××　记账　出纳　审核×××　制证×××

图 7 - 1　结转工资编制的第 44 号记账凭证

第44号记账凭证属于转账凭证，不涉及货币资金，因此，不需要出纳签章。但审核和会计主管均已签章，可以作为登记账簿的依据。

第二步：登记入各个明细账。

（1）登记会计账簿时，应当将会计凭证日期、编号、业务内容摘要、金额和其他有关资料逐项记入账内，做到数字准确、摘要清楚、登记及时、字迹工整。

（2）登记完毕后，要在记账凭证上签名或者盖章，并注明已经登账的符号，表示已经记账。

（3）账簿中书写的文字和数字上面要留有适当空格，不要写满格，一般应占格子的1/2（见第一章范例）。

（4）登记账簿要用蓝黑墨水或者碳素墨水书写，不得使用圆珠笔（银行的复写账簿除外）或者铅笔书写。

（5）下列情况，可以用红色墨水记账：①按照红字冲账的记账凭证，冲销错误记录；②在不设借贷等栏的多栏式账页中，登记减少数；③在三栏式账户的余额栏前，如未印明余额方向的，在余额栏内登记负数余额；④根据国家统一会计制度的规定可以用红字登记的其他会计记录。

（6）各种账簿按页次顺序连续登记，不得跳行、隔页。如果发生跳行、隔页，应当将空行、空页画线注销，或者注明“此行空白”、“此页空白”字样，并由记账人员签名或者盖章。

（7）凡需要结出余额的账户，给出余额后，应当在“借或贷”等栏内写明“借”或者“贷”等字样。没有余额的账户，应当在“借或贷”等栏内写“平”字，并在余额栏内用“θ”表示。现金日记账和银行存款日记账必须逐日结出余额。登记“生产成本——书柜”，明细账如图7－2所示。

生产成本明细账

产品名称：书柜

2008年		凭证编号	摘要	合计	直接材料	直接人工	制造费用
月	日						
11	30		生产费用合计	122 529.68	85 560.26	26 060.46	10 908.96
11	30	61	结转完工产品成本	99 044.00	70 620.26	19 337.46	9 086.28
11	30		月末在产品成本	23 485.68	14 940.00	6 723.00	1 822.68
12	31	44	结转工资	21 105.72		21 105.72	

图7－2　登记生产成本——书柜明细账

图7－2中，12月份的经济业务尚未登记，第44号记账凭证是“生产成本——书柜”明细账12月份第一笔经济业务，所以紧接着11月份最后一次登记额下方登记，包括日期、凭证号数和经济业务发生的金额。每登记完一个明细账，应及时在记

账凭证“过账栏”（标号√栏）作出已经登记账簿的标识，以免重记或漏记，如图7－3所示。

记 账 凭 证

2008 年 12 月 31 日　　　　字第 44 号

摘要	会计科目		借方金额										贷方金额										√
	总账科目	明细科目	千	百	十	万	千	百	十	元	角	分	千	百	十	万	千	百	十	元	角	分	
分配结转本月工资	生产成本	书柜				2	1	1	0	5	7	2											√
	生产成本	桌子				2	6	8	3	2	7	4											
	制造费用	工资及福利费					6	9	9	1	6	0											
	管理费用	工资及福利费				1	9	6	5	1	5	4											
	应付职工薪酬	职工福利					2	2	0	0	0	0											
	应付职工薪酬	工资														7	6	7	8	1	6	0	
附件 1 张	合	计				7	6	7	8	1	6	0				7	6	7	8	1	6	0	

已登账的标志

会计主管 × × ×　　记账　　出纳　　审核× × ×　　制证× × ×

图7－3　第44号凭证——已记业务

“生产成本——桌子”、“制造费用——工资及福利费”、“管理费用——工资及福利”等按照上述方法登记，“应付职工薪酬——工资”明细账采用三栏式，其登记结果如图7－4所示。

应付职工薪酬明细账

工资

2008年		凭证编号	摘要	借方	贷方	借或贷	余额
月	日						
11	30		本月合计	72 543.46	72 543.46		0.00
12	17	22	发工资	76 781.60			
12	31	44	结转工资		76 781.60		

图7－4　应付职工薪酬——工资明细账

不要求每天结出余额的账户，在结出余额之前，可以不写借或贷，因为这个符号仅仅指出余额的方向。

第三步：在记账凭证上签章，如图7－5所示。

记 账 凭 证

2008 年 12 月 31 日　　字第 44 号

摘 要	会计科目		借方金额	贷方金额	✓
	总账科目	明细科目	千百十万千百十元角分	千百十万千百十元角分	
分配结转本月工资	生产成本	书柜	2110572		✓
	生产成本	桌子	2683274		✓
	制造费用	工资及福利费	699160		✓
	管理费用	工资及福利费	1965154		✓
	应付职工薪酬	职工福利	2200000		✓
	应付职工薪酬	工资		7678160	✓
附件 1 张	合	计	7678160	7678160	

记账人员签章

会计主管× × ×　　记账× × ×　　出纳　　审核× × ×　　制证× × ×

图 7－5　已记账的第 44 号凭证

银行存款日记账

2008年 月	日	凭证编号	摘 要	借方金额	贷方金额	借或贷	余额（千百十万千百十元角分）
11	30		本月合计	56804226	54368100	借	8485652
12	1	1	购材料		3276276	借	5209376
12	2	2	销售材料	418275		借	5627651
12	3	3	支付广告费		680000	借	4947651
12	4	4	代垫运费		300000	借	4647651
12	6	5	购材料		3659760	借	987891
12	8	6	付总务备用金		300000	借	687891
12	11	10	提备用现金		150000	借	537891
12	12	12	收鸿发商场货款	2184000		借	2721891
12	12	13	收余杭市家具商场货款	7063000		借	9784891
12	12	15	开户银行汇票		5620000	借	4164891
12	12	16	总务科报账		292000	借	3872891
12	15	17	产品销售收入	7254000		借	11126891
12	16	18	医务室购药品		490000	借	10636891
12	16	20	付关西货款		3740262	借	6896629
12	17	21	提现备发工资		6023608	借	873021
12	17	23	代垫运费		180000	借	693021
12	17	24	收鸿发商场货款	11532000		借	12225021
12	18	25	购材料		7628400	借	4596621
12	18		过次页	28451275	32340306	借	4596621

图 7－6　银行存款日记账第一页

此时，记账凭证的“过账栏”应该全部打勾。

每一账页登记完毕结转下页时，应当结出本页合计数及余额，写在本页最后一行和下页第一行有关栏内，并在摘要栏内注明“过次页”和“承前页”字样，也可以将本页合计数及金额只写在下页第一行有关栏内，并在摘要栏内注明“承前页”字样。对需要结计本月发生额的账户，结计“过次页”的本页合计数应当为自本月初起至本页末止的发生额合计数；对需要结计本年累计发生额的账户，结计“过次页”的本页合计数应当为自年初起至本页末止的累计数；对既不需要结计本月发生额也不需要结计本年累计发生额的账户，可以只将每页末的余额结转次页。

【例7－2】 滨江市红星家具厂“银行存款日记账”登记情况如图7－6所示。

该厂每日结出余额，登记到第25号凭证时，账页已满，留下不封脚的最后一行用作过次页。其合计数是自本月第一笔记录开始，即本页止合计本月数。同时结出余额和指明余额方向。

紧接着在下页第一行留作“承前页”，将过次页的合计数抄过来，如图7－7所示。

银行存款日记账

2008年 月	日	凭证编号	摘要	借方金额（千百十万千百十元角分）	贷方金额（千百十万千百十元角分）	借或贷	余额（千百十万千百十元角分）
12	18		承前页	28451275	32340306	借	4596621
12	18	26	购进锯木机		409500	借	4187121
12	20	27	收华天公司货款	6400000		借	10587121
12	21	28	付西南木材公司货款		1038900	借	9548221
12	22	29	支付电费		1010084	借	8538137
12	22	30	支付水费		245685	借	8292452
12	23	31	购办公用品		78000	借	8214452
12	24	32	代垫运费		500000	借	7714452
12	25	33	收鸿发商场货款	5850000		借	13564452
12	25	34	购木板		4268160	借	9296292
12	26	36	交增值税等		2781625	借	6514667
12	31	38	收银行存款利息	29571		借	6544238
12	31	39	支付借款利息		750000	借	5794238
12	31	40	付食堂伙食费		1386033	借	4408205
12	31		本月合计	40730846	44808293	借	4408205
			结转下年				

图7－7 银行存款日记账第二页

【实习005】将已经编制好的记账凭证（包括书本例题、堂上练习等有编号的记账凭证）按照编号顺序，分别按会计岗位和出纳岗位登记入各明细账、日记账（提示：现时已经编制1～52号记账凭证）。

出纳日记账的登记方法有三种。

（1）出纳员根据当日收支的原始凭证编制收付款凭证，并按照收付款凭证编号

登记入日记账的“凭证编号”栏。采用这种方法时，出纳员应具备填制记账凭证的水平。

（2）出纳员根据会计编制好的收付款凭证登记日记账，这种方法也可以按照收付款凭证编号登记入日记账的“凭证编号”栏。

（3）出纳员不编制记账凭证、不根据记账凭证编号记账，而是按每笔经济业务顺序逐笔登入日记账。采用这种方法时，“凭证编号”栏所登记的不是记账凭证的编号，而是出纳员给每笔经济业务编排的流水顺序号，这种方法比较普遍。

第二节 经营成果的核算

一、商品销售成本的结转

商品销售是企业的主营业务，商品销售收入形成企业的主营业务收入，根据配比原则，本期的商品销售收入，应与本期库存商品的成本相配比，即用商品的销售收入减去制造这些商品所消耗的成本。通过“实习005”中库存商品明细账登记结果如图7－8、图7－9所示。

库存商品明细账

品名：书柜

2008年		凭证编号	摘要	借方			贷方			借或贷	余额		
月	日			数量	单价	金额	数量	单价	金额		数量	单价	金额
11	30		月末结存	465	213.00	99 044.00	659	208.97	137 710.00	借	320	210.00	67 200.00
12	31	53	本月完工入库	550	204.91	112 700.50							

图7－8 库存商品——书柜明细账

库存商品明细账

品名：桌子

2008年		凭证编号	摘要	借方			贷方			借或贷	余额		
月	日			数量	单价	金额	数量	单价	金额		数量	单价	金额
11	30		月末结存	945	134.00	126 630.00	740	134.00	99 160.00	借	400	134.00	53 600.00
12	31	53	本月完工入库	1000	128.92534	128 925.34							

图7－9 库存商品——桌子明细账

本企业库存商品的收发按实际成本核算，按加权平均法见图5－10计算库存商品的发出单价。

库存商品（书柜）的加权平均单价＝(67 200＋112 700.50)÷(320＋550)

≈206. 40（元）

库存商品（桌子）的加权平均单价＝（53 600＋128 925. 34）÷（400＋1 000）

≈130. 38（元）

库存商品的发出成本＝发出数量×加权平均单价

商品的发出（销售）数量可以从主营业务收入明细账中获得，但应以产品出仓单作为原始凭证。

原始凭证014、037、051、074 号：产品出仓单，如图 7－10～图 7－13 所示。

红星家具厂产品出仓单
2008年12月4日

品名	单位	出仓数量	用途	提货人
书柜	个	200	销售	×××
桌子	张	200	销售	×××
合计				

仓管员：李中达

图 7－10　12. 4 产品出仓单

红星家具厂产品出仓单
2008年12月15日

品名	单位	出仓数量	用途	提货人
书柜	个	150	销售	×××
桌子	张	100	销售	×××
合计				

仓管员：李中达

图 7－11　12. 15 产品出仓单

红星家具厂产品出仓单
2008年12月17日

品名	单位	出仓数量	用途	提货人
书柜	个	100	销售	×××
桌子	张	100	销售	×××
合计				

仓管员：李中达

图 7－12　12. 17 产品出仓单

红星家具厂产品出仓单
2008年12月24日

品名	单位	出仓数量	用途	提货人
书柜	个	300	销售	×××
桌子	张	400	销售	×××
合计				

仓管员：李中达

图 7－13　12. 24 产品出仓单

销售量合计的结果是：本月销售书柜 750 个；销售桌子 800 张。则：

书柜的发出成本＝750×206. 78＝155 085 元

桌子的发出成本＝800×130. 38＝104 304 元

图 7－14 是全部计算过程及结果。

原始凭证098 号：产品销售成本计算表，如图 7－14 所示。

产品销售成本计算表
2008年12月31日

项目	书柜		桌子		合计
	数量	金额	数量	金额	
月初结存	320	67 200.00	400	53 600.00	120 800.00
本月入库	550	112 700.50	1 000	128 925.34	241 625.84
加权平均单价	206.78		130.38		
本月销售产品制造成本	750	155 085.00	800	104 304.00	259 389.00

附：产品出仓单4张　　　　制表：×××

图 7－14　产品销售成本计算表

【例7-3】 根据第098号原始凭证和4张出仓单编制记账凭证（注意：以下每编制完一张记账凭证，均应及时登记入明细账），如图7-15所示。

记 账 凭 证

2008年12月31日　　　　字第 53 号

摘　要	会计科目		借方金额										贷方金额										✓
	总账科目	明细科目	千	百	十	万	千	百	十	元	角	分	千	百	十	万	千	百	十	元	角	分	
结转销售产品成本	主营业务成本	书柜			1	5	5	0	8	5	0	0											
	主营业务成本	桌子			1	0	4	3	0	4	0	0											
	库存商品	书柜													1	5	5	0	8	5	0	0	
	库存商品	桌子													1	0	4	3	0	4	0	0	
附件 5 张	合	计			2	5	9	3	8	9	0	0			2	5	9	3	8	9	0	0	

会计主管　　记账　　出纳　　审核　　制证×××

图7-15　结转产品销售成本编制的记账凭证

二、"营业税金及附加"的计缴

"营业税金及附加"科目核算企业日常主要经营活动应负担的税金及附加，包括营业税、消费税、城市维护建设税、资源税、土地增值税和教育费附加等。其中：城市维护建设税是对从事工商经营，缴纳增值税、消费税、营业税的单位和个人征收的一种税；教育费附加是为发展教育事业而征收的一种专项费用。均按企业增值税、消费税、营业税的应交额计算征收。滨江市红星家具厂无应交消费税、营业税发生，应按本期增值税应交数计算应交城市维护建设税和教育费附加。本月应交增值税账户记录如图7-16所示。

月末，将贷方销项合计64 782.75元减去借方进项合计34 437.87元，则等于本月应交增值税税额30 344.88元。在进项转出等项目没有发生的情况下，本月应交增值税为30 344.88元。企业应将月末尚未缴交的应交增值税额结转到"应交税费——未交增值税"科目。

【例7-4】 编制"附加税费计算表"，根据第099号原始凭证编制记账凭证。

原始凭证099号： 增值税附加税费计算表，如图7-17所示。

应交税费（增值税）明细账

2008年		凭证	摘要	借方				贷方			借或贷	余额
月	日	编号		合计	进项税额	已交税金	转出未交增值税	合计	销项税额	进项税额转出		
11	30		本月合计	43 350.00	22 107.48		21 242.52	43 350.00	43 350.00		平	0.00
12	1	1	购材料	4 674.56	4 674.56							
12	2	2	销售材料					607.75	607.75			
12	4	4	销售产品					16 320.00	16 320.00			
12	6	5	购材料	5 342.80	5 342.80							
12	12	14	购材料	5 321.62	5 321.62							
12	15	17	销售产品					10 540.00	10 540.00			
12	17	23	销售产品					8 500.00	8 500.00			
12	18	25	购材料	11 147.00	11 147.00							
12	22	29	支付电费	1 467.64	1 467.64							
12	22	30	支付水费	282.65	282.65							
12	24	32	销售产品					28 815.00	28 815.00			
12	25	34	购材料	6 201.00	6 201.60							
12	31	55	转出未交增值税	30 344.88			30 344.88					
12	31		本月合计	64 782.75	34 437.87		30 344.88	64 782.75	64 782.75		平	0.00
			结转下年									

图 7－16　应交增值税明细账

增值税附加税费计算表

项目	基数	征收率	金额	备注
城市维护建设税	30 344.88	7%	2 124.14	
教育费附加	30 344.88	3%	910.35	
合计			3 034.49	

图 7－17　增值税附加税费计算表

根据增值税附加税费计算表，编制记账凭证，如图 7－18 所示。

记　账　凭　证

2008 年 12 月 31 日　　　　字第 54 号

摘要	总账科目	明细科目	借方金额	贷方金额	✓
计算产品附加税费	营业税金及附加	城市维护建设税	212414		
	营业税金及附加	教育费附加	91035		
	应交税费	应交城建税		212414	
	应交税费	教育费附加		91035	
附件 1 张	合计		303449	303449	

会计主管　　记账　　出纳　　审核　　制证× × ×

图 7－18　计算附加税费编制的记账凭证

将应交未交的增值税税额转入“应交税费——未交增值税”明细账户，编制记账凭证如图 7－19 所示。

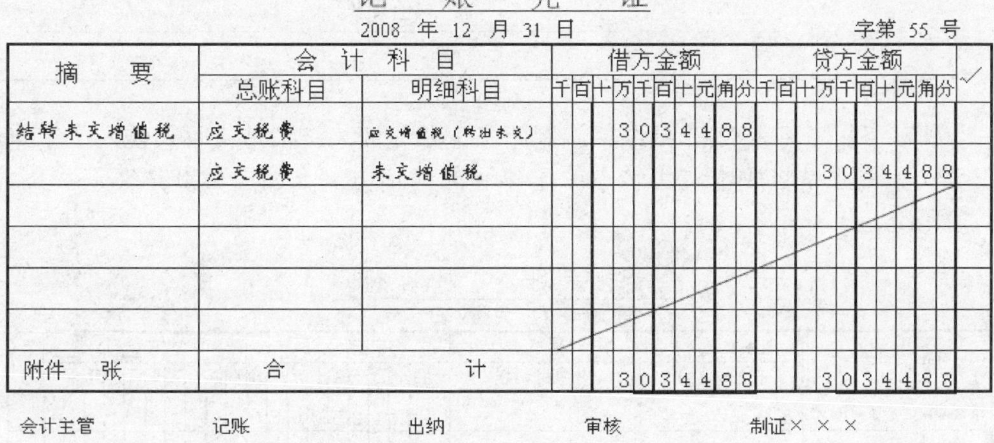

记　账　凭　证

2008 年 12 月 31 日　　　　字第 55 号

摘要	总账科目	明细科目	借方金额	贷方金额	✓
结转未交增值税	应交税费	应交增值税（转出未交）	3034488		
	应交税费	未交增值税		3034488	
附件　张	合　计		3034488	3034488	

会计主管　记账　出纳　审核　制证×××

图 7－19　结转未交增值税编制的记账凭证

三、利润的形成

会计第二恒等式：收入－费用＝利润。

利润是一定会计期间经营活动的成果。我们需要设置“本年利润”科目来核算这一经营成果。该科目贷方登记经营活动的收入，借方登记成本费用的支出，其差额如为盈利，则表现为贷方余额，如为亏损，则表现为借方余额。

【堂上练习 20】根据账簿登记结果，填列表 7－1，计算收入总额和费用总额。

表 7－1　损益计算表

收入类科目	目前余额	成本、费用类科目	目前余额
主营业务收入		主营业务成本	
其他业务收入		其他业务成本	
营业外收入		营业税金及附加	
投资收益		营业外支出	
		管理费用	
		销售费用	

续上表

收入类科目	目前余额	成本、费用类科目	目前余额
		财务费用	
		资产减值损失	
合 计		合 计	

【例7-5】　将表7-1的结果编制两张记账凭证，一张是将收入转入“本年利润”贷方，一张是将成本费用转入“本年利润”借方。如图7-20、图7-21、图7-22所示。

记　账　凭　证

2008 年 12 月 31 日　　　　字第 56 号

摘要	会计科目		借方金额										贷方金额										✓
	总账科目	明细科目	千	百	十	万	千	百	十	元	角	分	千	百	十	万	千	百	十	元	角	分	
结转收入到利润账户	主营业务收入	书柜			2	1	2	5	0	0	0	0											
	主营业务收入	桌子			1	6	5	0	0	0	0	0											
	其他业务收入	销售材料					3	5	7	5	0	0											
	本年利润														3	8	1	0	7	5	0	0	
附件 0 张	合	计			3	8	1	0	7	5	0	0			3	8	1	0	7	5	0	0	

会计主管　　　　记账　　　　出纳　　　　审核　　　　制证× × ×

图7-20　结转收入制的记账凭证

记　账　凭　证

2008 年 12 月 31 日　　　　字第 57 1/2 号

摘要	会计科目		借方金额										贷方金额										✓
	总账科目	明细科目	千	百	十	万	千	百	十	元	角	分	千	百	十	万	千	百	十	元	角	分	
结转成本费用到利润账户	本年利润				3	1	6	7	2	3	0	9											
	主营业务成本	书柜													1	5	5	0	8	5	0	0	
	主营业务成本	桌子													1	0	4	3	0	4	0	0	
	其他业务成本	销售材料															2	9	5	4	4	5	
	管理费用															3	4	9	8	6	1	2	
	财务费用																2	2	0	4	2	9	
附件 张	合	计																					

会计主管　　　　记账　　　　出纳　　　　审核　　　　制证× × ×

图7-21　结转成本费用制的记账凭证之一

记　账　凭　证

2008 年 12 月 31 日　　　　　　　　字第 57 2/2 号

摘　要	会计科目		借方金额										贷方金额										✓
	总账科目	明细科目	千	百	十	万	千	百	十	元	角	分	千	百	十	万	千	百	十	元	角	分	
结转成本费用到利润账户	销售费用																8	6	0	0	0	0	
	资产减值损失																5	2	5	4	7	4	
	营业外支出																	3	0	0	0	0	
	营业税金及附加																3	0	3	4	4	9	
附件　张	合	计			3	1	6	7	2	3	0	9			3	1	6	7	2	3	0	9	

会计主管　　记账　　出纳　　审核　　制证×××

图 7－22　结转成本费用制的记账凭证之二

将堂上练习的结果与这两张凭证核对，如果不相符，找找原因。

第 56、第 57 号记账凭证是账户之间的结转，可以不附原始凭证，也可以将堂上练习 20 的表格分成两部分分别作为这两张记账凭证的原始凭证。

第三节　计算应交所得税

企业所得税，是按照企业所得额计征的税种，企业所得税率一般为 25 %，应交所得税额 = 企业所得额 × 所得税率。所得税的纳税申报表基本上是一张利润表，所不同的是多了调整应纳税所得额和税率这些内容，一般格式如图 7－23 所示。

原始凭证 100 号： 所得税纳税申报表。

所得税纳税申报表

所述行业：工业　　　　所属时间：2008 年 12　单位：元

纳税人名称	滨江市红星家具厂	
项　目	本月数	本年累计数
一、营业收入		
减：营业成本		
营业税金及附加		
销售费用		
管理费用		

续上表

纳税人名称	滨江市红星家具厂	
财务费用		
资产减值损失		
加：公允价值变动损益		
投资收益		
二、营业利润		
加：营业外收入		
减：营业外支出		
其中：非流动资产处置损失		
三、利润总额		
加：纳税调整增加额		
减：纳税调整减少额		
五、应纳税所得额		
适用税率		
五、所纳税所得额		

图 7－23　所得税纳税申报表

表中的“纳税调整增加（减少）额”是指应增加（或减少）的计税所得额，纳税调整的原因很多，有些是由于会计制度与税法分离，在会计处理上是允许的，但在计算所得税时，应调整应纳税所得额。这部分内容在此不需作详述，本实习所模拟的会计主体滨江市红星家具厂不需作纳税调整。

本月应纳所得税额＝（381 075－316 723.09）×25％＝16 087.98（元）

计税所得额还不是净利润，扣除应缴纳的所得税后的利润，叫做税后利润，税后利润才是净利润。因此，计缴的所得税作为一项费用从利润中抵减。

这项经济业务涉及两个科目：“所得税费用”科目和“应交税费——应交所得税”科目，企业计算的当期所得税金额，借记“所得税费用”科目，贷记“应交税费——应交所得税”科目。期末，应将“所得税费用”科目的余额转入“本年利润”科目，结转后“所得税费用”科目应无余额。

【例 7－6】　根据第 100 号原始凭证计算出来的应交所得税，编制记账凭证，如图 7－24 所示。

由于计算所得税是在期末进行的，因此，紧接着可以结转所得税，即将“所得税费用”科目的余额转入“本年利润”科目，如图 7－25 所示。

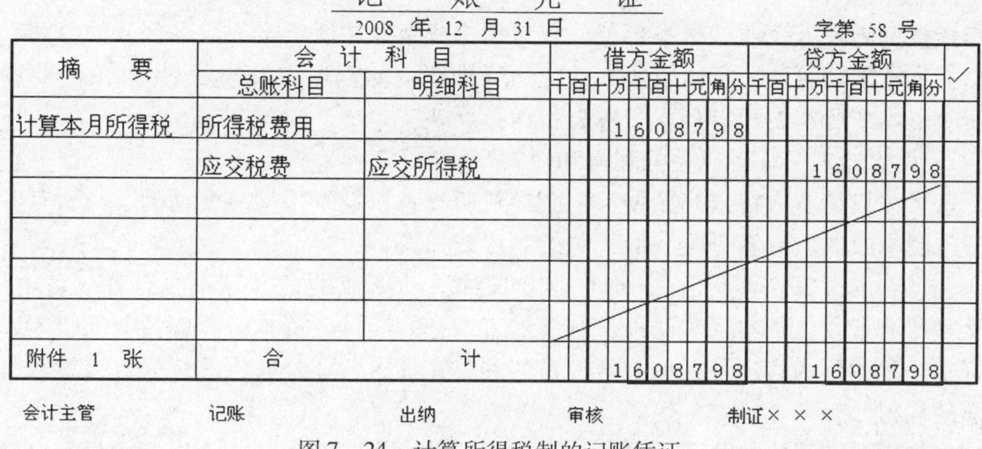

记 账 凭 证

2008 年 12 月 31 日　　　　字第 58 号

摘要	会计科目 总账科目	会计科目 明细科目	借方金额（千百十万千百十元角分）	贷方金额（千百十万千百十元角分）	✓
计算本月所得税	所得税费用		1608798		
	应交税费	应交所得税		1608798	
附件 1 张	合计		1608798	1608798	

会计主管　　记账　　出纳　　审核　　制证× × ×

图 7－24　计算所得税制的记账凭证

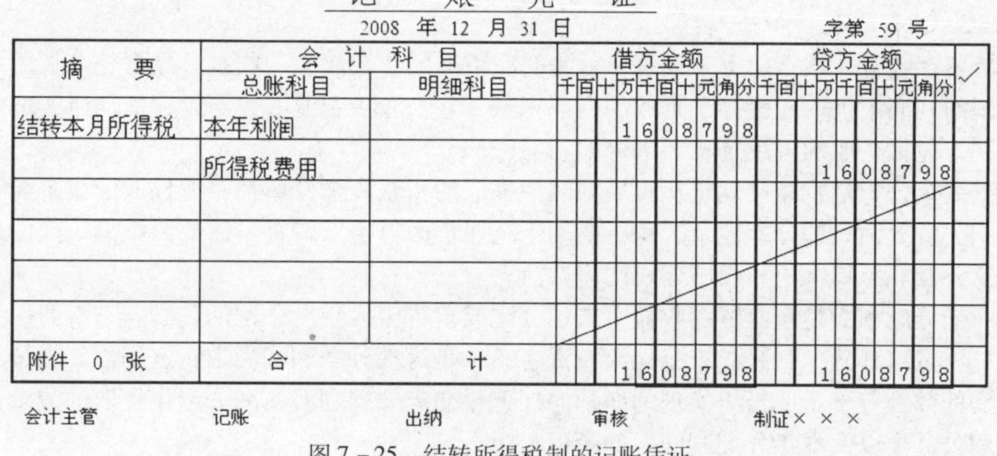

记 账 凭 证

2008 年 12 月 31 日　　　　字第 59 号

摘要	会计科目 总账科目	会计科目 明细科目	借方金额（千百十万千百十元角分）	贷方金额（千百十万千百十元角分）	✓
结转本月所得税	本年利润		1608798		
	所得税费用			1608798	
附件 0 张	合计		1608798	1608798	

会计主管　　记账　　出纳　　审核　　制证× × ×

图 7－25　结转所得税制的记账凭证

第四节　利润分配

企业生产的目的是为了取得盈利，而股东进行投资的目的是为了获得回报（分红）。从这个方面来讲，企业所取得的经营成果是所有者（投资者）的权益。

一、所有者权益的内容

所有者权益是指企业资产扣除负债后由所有者享有的剩余权益。它的内容或来源包括所有者投入的资本、直接计入所有者权益的利得和损失、留存收益等。

1. 投入资本

指投资者投入企业的资本部分。它包括构成企业注册资本或股本部分的金额，也包括投入资本超过注册资本或股本的金额（即所谓的资本溢价或股本溢价）。前者计入实收资本或股本，后者列入资本公积项目反映。

2. 直接计入所有者权益的利得和损失

这个项目指不应计入当期损益、会导致所有者权益发生增减变动的、与所有者权益投入资本或向所有者分配利润无关的利得或损失。

利得：反过来念"得利"，即企业非日常活动形成的，会导致所有者权益增加，但又和所有者投入资本无关的经济利益的流入。一般计入资本公积或营业外收入。计入资本公积的称为直接计入所有者权益的利得；计入营业外收入的称为直接计入当期利润的利得。

损失则与利得恰好相反，是一种非日常活动形成的经济利益流出，也分为直接计入所有者权益的损失（计入资本公积）及计入当期利润的损失（计入营业外支出）。

3. 留存收益

留存收益，从字面上来理解，就是企业留下的、存起来的收益，是指企业从历年实现的利润中提取或留存于企业的内部积累，它来源于企业的生产经营活动所实现的利润，包括企业的盈余公积和未分配利润两部分。

盈余公积是企业按规定从税后利润中提取的积累资金，包括企业提取的盈余公积金和公益金两大部分，盈余公积主要用于企业扩大再生产的资本需要，抵御风险的后备需要及职工集体福利设施建设的需要。

未分配利润是企业留存收益中未作分配或留待以后年度分配的利润。它有两层含义：一是这部分净利润尚未分配给投资者；二是这部分净利润尚未指定用途。未分配利润的数额等于企业当年实现的净利润加上年初未分配利润，减去当年提取的盈余公积和公益金以及本年分配利润后的余额。

二、向投资者分配利润

向投资者分配利润通过"利润分配"等科目进行核算。

"利润分配"科目核算企业实现利润的分配（或亏损的弥补）和历年分配（或弥补）后的积存余额。本科目下设提取法定盈余公积、提取任意盈余公积、应付现金股利或利润、未分配利润等明细科目。

企业按规定从净利润中提取法定盈余公积和任意盈余公积时，借记本科目（利润分配——提取法定盈余公积、提取任意盈余公积），贷记"盈余公积——法定盈余公积"、"盈余公积——任意盈余公积"科目。

应当分配给投资者的利润，借记本科目（利润分配——应付利润），贷记"应付股利"科目。

年度终了，企业应将全年实现的净利润，自“本年利润”科目转入本科目，借记“本年利润”科目，贷记本科目（利润分配——未分配利润），如为净亏损，作相反会计分录；同时，将“利润分配”科目下的其他明细科目的余额转入本科目的“未分配利润”明细科目。结转后，除“未分配利润”明细科目外，本科目的其他明细科目应无余额。

本科目年末余额，反映企业历年积存的未分配利润（或未弥补亏损）。

【例 7 – 7】　计算本年度末未分配利润的数额，并向投资者分配利润。

从“滨江市红星家具厂 11 月资产负债表”中可以看出，该厂 2008 年年初未分配利润为 0。则：本年度的未分配利润 = 本年累计实现的利润总额 – 提取的盈余公积和公益金。

第一步：提取法定盈余公积金。

本年累计实现利润总额 = 本月净利润 48 263. 93 元 + 上月末止累计实现的净利润 188 650 元 = 236 913. 93 元。

原始凭证 101 号：两金计提表，如图 7 – 26 所示。

“两金”计提表

计提项目	税后利润总额	分配比例	分配金额
法定盈余公积金		10%	23 691.39
任意盈余公积金		5%	111 845.70
合　计	236 913.93	15%	35 537.09

图 7 – 26　两金计提表

所计提的“两金”形成所有者权益，并通过“利润分配”科目核算。

根据第 101 号原始凭证编制记账凭证，如图 7 – 27 所示。

记　账　凭　证

2008 年 12 月 31 日　　　　字第 60 号

摘　要	会计科目 总账科目	会计科目 明细科目	借方金额（千百十万千百十元角分）	贷方金额（千百十万千百十元角分）	✓
计提盈余公积金	利润分配	提取法定盈余公积金	2369139		
	利润分配	提取任意盈余公积金	1184570		
	盈余公积	法定盈余公积金		2369139	
	盈余公积	法定公益金		1184570	
附件 1 张	合	计	3553709	3553709	

会计主管　　记账　　出纳　　审核　　制证 × × ×

图 7 – 27　计提“两金”制的记账凭证

第二步：将提取“两金”后余下的利润对投资者进行分配。该厂是股份制企业，经股东大会研究决定，2008 年度未分配利润全部分给投资者，分配方案是按出资比例进行分配。可用于分配的利润：236 913. 93 – 35 537. 09 = 201 376. 84 元。

原始凭证 102 **号：**利润分配计算表，如图 7 – 28 所示。

税后利润分配计算表

投资者	应分配利润总额	出资额	投资比例	分配金额
国际实业有限公司		700 000.00	70%	140 963.79
新世纪公司		200 000.00	20%	40 275 37
惠福酒店		100 000.00	10%	20 137.68
合　　计	201 376.84	1 000 000.00	100%	201 376.84

图 7 – 28　利润分配计算表

根据第 102 号原始凭证编制记账凭证，如图 7 – 29 所示。

记　　账　　凭　　证

2008　年　12　月　31　日　　　　　　字第　61　号

摘　　要	会计科目		借方金额	贷方金额	✓
	总账科目	明细科目	千百十万千百十元角分	千百十万千百十元角分	
分配利润	利润分配	应付利润	20137684		
	应付股利	国际实业有限公司		14096379	
	应付股利	新世纪公司		4027537	
	应付股利	惠福酒店		2013768	
附件　1　张	合	计	20137684	20137684	

会计主管　　记账　　出纳　　审核　　制证 × × ×

图 7 – 29　利润分配制的记账凭证

三、“利润分配”科目的结转

在“利润分配”各明细科目中，“未分配利润”反映企业的留存收益，所实现的利润应结转入“未分配利润”的贷方，而已分配的利润则结转入“未分配利润”的借方，其余额反映实际意义上的未进行分配的利润。

【例 7 – 8】　将“本年利润”账户的余额结转到“利润分配——未分配利润”账户的贷方。

目前“本年利润”账户登记情况如图 7 – 30 所示。

本年利润明细账

2008年 月	日	凭证编号	摘要	借方	贷方	借或贷	余额
11	30		本月合计	241 516.75	255 000.00	贷	188 650.00
12	31	57	结转收入		381 075.00	贷	569 725.00
12	31	58	结转成本费用	316 723.09		贷	253 001.91
12	31	59	结转所得税费用	16 087.98		贷	236 913.93

图 7－30　本年利润明细账

该账户收入与费用配比并计算所得税后的余额为 236 913. 93 元，在本会计年度终了时，应将其余额结清。编制记账凭证，如图 7－31 所示。

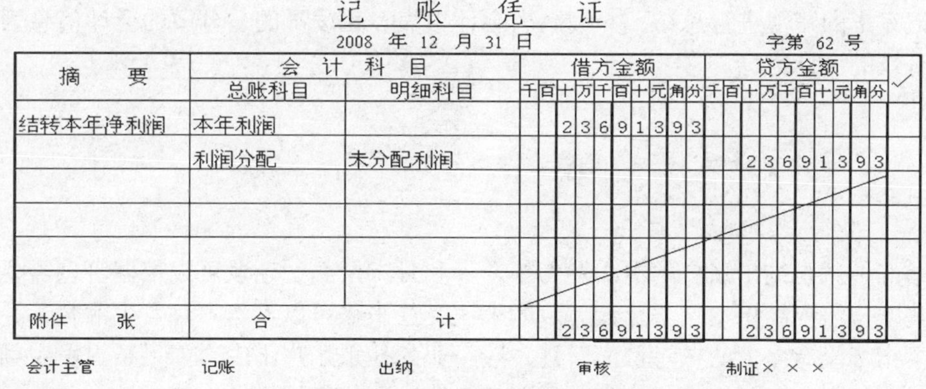

记　账　凭　证

2008 年 12 月 31 日　　　　字第 62 号

摘要	总账科目	明细科目	借方金额	贷方金额	✓
结转本年净利润	本年利润		23691393		
	利润分配	未分配利润		23691393	
附件　张	合	计	23691393	23691393	

会计主管　记账　出纳　审核　制证× × ×

图 7－31　结转本年净利润制的记账凭证

【例 7－9】　将“利润分配”各明细科目余额转入“未分配利润”明细科目。

“利润分配”各明细科目的发生额是对利润项目的具体反映，年末，应将其余额转入“未分配利润”明细科目。编制记账凭证如图 7－32 所示。

记　账　凭　证

2008 年 12 月 31 日　　　　字第 63 号

摘要	总账科目	明细科目	借方金额	贷方金额	✓
结转利润分配各明细账户	利润分配	未分配利润	23691393		
	利润分配	提取法定盈余公积金		2369139	
	利润分配	提取法定盈余公积金		1184570	
	利润分配	应付利润		20137684	
附件　张	合	计	23691393	23691393	

会计主管　记账　出纳　审核　制证× × ×

图 7－32　结转利润分配各明细科目余额制的记账凭证

本企业本期全部记账凭证编制完毕并已全部登记入账。

第八章　结账和编制会计报表

在前面的章节中，我们系统地学习了如何为工业企业编制记账凭证、登记账簿。但我们的会计核算工作还没有完成。会计核算的目的是提供会计信息，但记账凭证和账簿中所记载的会计信息还是分散的未形成系统的信息。接下来，会计工作就是要对已登记完毕的账簿进行总结，并编制出会计报表，化凌乱的、分散的会计信息为系统的、有效的会计信息。

第一节　结　　账

结账，就是结出账户的本期发生额合计和月末余额。企业可以根据管理需要，确定哪些账户需要结出本年累计数。一般来说，往来账可以不作本月发生额合计，原因是这个指标没有多大的参考价值，且一般企业的往来账户不少，如果结出发生额，则增加工作量。实际工作中，往来账不多的企业，往往都结出发生额。

【例 8－1】　仍然以银行存款日记账为例，月末结出本月发生额合计和月末余额，如图 8－1 所示。

银行存款日记账

2008年 月	日	凭证编号	摘要	借方金额（千百十万千百十元角分）	贷方金额（千百十万千百十元角分）	借或贷	余额（千百十万千百十元角分）
12	18		承前页	28451275	32340306	借	4596621
12	18	26	购进锯木机		409500	借	4187121
12	20	27	收华天公司货款	6400000		借	10587121
12	21	28	付西南木材公司货款		1038900	借	9548221
12	22	29	支付电费		1010084	借	8538137
12	22	30	支付水费		245685	借	8292452
12	23	31	购办公用品		78000	借	8214452
12	24	32	代垫运费		500000	借	7714452
12	25	33	收鸿发商场货款	5850000		借	13564452
12	25	34	购木板		4268160	借	9296292
12	26	36	交增值税等		2781625	借	6514667
12	31	38	收银行存款利息	29571		借	6544238
12	31	39	支付借款利息		750000	借	5794238
12	31	40	付食堂伙食费		1386033	借	4408205
12	31		本月合计	40730846	44808293	借	4408205
			结转下年				

图 8－1　银行存款日记账结账

在“本月合计”下面通栏划一条单红线，年度终了的月份，则应在“本月合计”下面通栏划双红线，并在双红线下摘要栏写上“结转下年”字样，对余下的空白行则用红斜线注销。无余额的账户不用“结转下年”。

多栏式账户结账时，应根据账户结构特点进行结账和划线。

【例8－2】　制造费用账户的结账。

制造费用明细账

基本生产车间

2008年 月	日	凭证编号	摘要	合计	办公费	水电费	折旧费	工资及福利费	修理费
11	30		制造费用合计	14 732.23	210.00	6 916.86	2 132.56	2 014.56	3 458.25
11	30	62	结转分配制造费用	14 732.23	210.00	6 916.86	2 132.56	2 014.56	3 458.25
11	30		月末余额	0.00					
12	22	29	支付电费	7 094.80		7 094.80			
12	22	30	支付水费	1 720.60		1 720.60			
12	23	31	购办公用品	212.00	212.00				
12	31	43	计提折旧	3 608.14			3 608.14		
12	31	44	结转工资	6 991.60				6 991.60	
12	31	$49\frac{1}{2}$	领用材料	1 935.29					1 935.29
12	31		制造费用合计	21 562.43	212.00	8 815.40	3 608.14	6 991.60	1 935.29
12	31	51	结转分配制造费用	21 562.43	212.00	8 815.40	3 608.14	6 991.60	1 935.29
12	31		月末余额	0.00					

图8－2　制造费用明细账结账

【实习006】对所有的明细账进行结账。

第二节　编制科目汇总表

本企业采用科目汇总表核算程序进行账务处理，应编制科目汇总表试算平衡并据以登记总账。科目汇总表的结构为三栏式：科目名称、借方发生额、贷方发生额。在进行科目汇总时，没有规定科目的排列顺序，可以按资产负债表的顺序排列，也可以按企业所开设账户的顺序排列。

科目汇总表的表头有很多项目，但必须填列下列项目：

（1）×字第×号。如果采用每10天汇总一次，则其编号最少有从汇字第1号到汇字第3号的3个编号；如果每月汇总1次，则在适用通用记账凭证的前提下，只有编号为汇字第1号的1个编号。

（2）凭证张数。凭证张数是指所汇总的记账凭证的张数，每一凭证编号算1张。例如，红星家具厂12月共编制了63张记账凭证，如果每月汇总1次，则该项应填写：凭证号数自第1号至第63号共63张。

（3）编制日期。指编制汇总表的日期，每月1次汇总时，该日期应该是月末。

红星家具厂2008年12月的科目汇总表，如图8－3所示。

科目汇总表

汇字1号　　　　2008年12月31日　　　　凭证自第1号至第63号共63张

会计科目	本期借方发生额	本期贷方发生额
库存现金	62 176.08	62 246.08
银行存款	407 308.46	448 082.93
其他货币资金	56 200.00	56 200.00
应收账款	378 935.00	337 090.00
坏账准备	5 000.00	5 254.74
其他应收款	3 000.00	2 440.00
材料采购	194 301.00	194 301.00
原材料	187 360.00	188 825.00
材料成本差异	6 941.00	1 901.09
待摊费用		600.00
库存商品	241 625.84	259 389.00
制造费用	21 702.26	21 702.26
生产成本	252 300.62	241 625.84
固定资产	4 095.00	3 200.00
累计折旧	3 000.00	5 684.47
固定资产清理	300.00	300.00
应付账款	103 991.62	37 402.62

续上表

会计科目	本期借方发生额	本期贷方发生额
其他应付款	13 860. 33	16 545. 52
应付职工薪酬	83 925. 60	78 317. 23
应交税费	92 599. 00	114 250. 10
预提费用	5 000. 00	
应付股利		201 376. 84
盈余公积		35 537. 09
本年利润	569 725. 00	381 075. 00
利润分配	473 827. 86	473 827. 86
主营业务收入	377 500. 00	377 500. 00
其他业务收入	3 575. 00	3 575. 00
主营业务成本	259 389. 00	259 389. 00
营业税金及附加	3 034. 49	3 034. 49
其他业务成本	2 954. 45	2 954. 45
销售费用	8 600. 00	8 600. 00
管理费用	34 986. 12	34 986. 12
财务费用	2 500. 00	2 500. 00
营业外支出	300. 00	300. 00
资产减值损失	5 254. 74	5 254. 74
所得税费用	16 087. 98	16 087. 98
合计	3 881 356. 45	3 881 356. 45

图 8 - 3　12 月份科目汇总表

第三节　登记总分类账

总分类账简称总账，应当选用三栏式订本式账簿。采用科目汇总表核算程序的企业，如果每月汇总 1 次，则总账每月发生额只有 1 行，如图 8 - 4 所示。

银行存款总分类账

2008年		凭证编码	摘要	借方	贷方	借或贷	余额
月	日						
11	30	汇1	本月汇总	568 042.26	543 681.00	借	84 856.52
12	31	汇1	本月汇总	407 308.46	448 082.93	借	44 082.05
			结转下年				

图8-4　银行存款总分类账

在这种情况下，因每月登记入账的是发生额的汇总数，所以，平时月度不需要结计"本月合计"，可以不划单红线，但年末应当划双红线。

【实习007】根据《科目汇总表》登记总账（该实习为可选项，有条件的可以购买50页规格的总分类账簿进行登记）。

第四节　编制利润表

一、利润表的含义及结构

利润表又称收益表或损益表，是反映企业一定期间生产经营成果的会计报表。利润表把企业一定时期的收入与同期相关的费用进行配比，以计算出企业一定时期的利润及税后利润。

由于利润是企业经营业绩的综合体现，又是企业进行利润分配的主要依据。因此，损益表是会计报表中主要报表。利润表虽然重要，但编制方法简单，按照报表给出的加减关系计算填列就可以了。通过利润表可以从总体上了解企业收入的取得，成本费用的发生情况，了解企业净利润（或亏损）的实现及构成情况；同时，通过利润表提供的不同时期的比较数字（本月数、本年累计数、上年数），可以分析企业的获利能力及利润的未来发展趋势。

目前我国采用的利润表结构为多步式，即表中的利润是通过多步计算而来的。多步式利润表通常分为以下3步。

第一步，以营业收入（包括其他业务收入）为基础，减去营业成本（包括其他业务成本）、营业税金及附加、三项期间费用及资产减值损失，再加上公允价值变动收益、投资收益后，计算出营业利润。公式为：

营业利润＝营业收入－营业成本－营业税金及附加－销售费用－管理费用－财务费用－资产减值损失＋公允价值变动收益＋投资收益

营业收入＝主营业务收入＋其他业务收入

营业成本＝主营业务成本＋其他业务成本

第二步，在营业利润的基础上，加减营业外收支，计算出本期实现的利润（或亏损），即所谓的利润总额。公式为：

利润总额＝营业利润＋营业外收入－营业外支出

第三步，从利润总额中减去所得税费用后，计算出本期的净利润（或净亏损）。公式为：

净利润＝利润总额－所得税费用

二、利润表的编制方法

（1）利润表日期的填列：应填写具体的会计期间，而不是像资产负债表那样的具体日期。如2008年12月。

（2）利润表中的“本期金额”，反映各项目的本期实际发生数，应根据各有关损益类账户的本期发生额填列。如果是月度利润表，则“本期金额”栏填列的是本月金额，如果是年度利润表，则“本期金额”栏填列的是本年金额。

（3）利润表中的“上期金额”栏，反映各项目上年同期实际发生数，按各项目上年该期利润表“本期金额”栏内所列数字填列。如果上年该期利润表规定的各项目的名称和内容同本期不相一致的，应对上年该期利润表各项目的名称和数字按本期的规定进行调整，填入利润表的“上期金额”栏内。

当然，如果编制的是月度利润表，则“上期金额”填列的是上月金额。

为使学员掌握平时月度利润表的编制，下面给出红星家具厂2008年12月份的利润表编制结果，如图8－5所示。

利润表

会企02表

编制单位：滨江市红星家具厂　　2008年12月　　单位：元

项　目	本期金额	上期金额
一、营业收入	381 075.00	255 000.00
减：营业成本	262 343.45	206 571.00
营业税金及附加	3 034.49	2 124.25
销售费用	8 600.00	1 000.00

续上表

项　目	本期金额	上期金额
管理费用	34 986. 12	29 321. 50
财务费用	2 204. 29	2 500. 00
资产减值损失	5 254. 74	
加：公允价值变动损益（损失以“－”号填列）		
投资收益（损失以“－”号填列）		
二、营业利润（亏损以“－”号填列）	64 651. 91	13 483. 25
加：营业外收入		
减：营业外支出	300. 00	
其中：非流动资产处置损失	300. 00	
三、利润总额（亏损总额以“－”号填列）	64 351. 91	13 483. 25
减：所得税费用	16 087. 98	3 370. 81
四、净利润（净亏损以“－”号填列）	48 263. 93	10 112. 44
五、每股收益		
（一）基本每股收益		
（二）稀释每股收益		

图 8－5　12 月份利润表

实际编报年度利润表时，日期行会变成 2008 年度，“上期金额”栏将填列上年度即 2007 年度的金额。因本书没有给出上年数，所以，要求编制上表。

第五节　编制资产负债表

资产负债表是反映企业某一特定日期（如月末、季末、年末）财务状况的报表。它是根据“资产＝负债＋所有者权益”这个会计等式，依据一定的分类标准和一定的程序，把企业在一定日期的资产、负债和所有权益项目予以适当排列，按照一定的编制要求编制而成。

一、资产负债表的作用

（1）资产项目，反映了企业某一日期所拥有的各种经济资源及其分布情况，据此可以分析企业资产的构成及其状况及企业的偿债能力。

（2）负债项目，反映了企业某一日期的负债总额及其结构，据此分析企业目前和未来需要支付的债务数额。

（3）所有者权益项目，反映了企业的投资者对本企业资产所持有的权益。据此可以分析企业各投资者在企业资产中所占份额，了解所有者权益的结构情况。

二、资产负债表的内容

1. 资产

资产负债表中的资产反映企业在某一特定日期拥有的经济资源总额，一般按照流动资产、非流动资产分类并进一步分项列示。如流动资产通常分为：货币资金、交易性金融资产、应收票据、应收账款、预付账款、其他应收款、存货等；而非流动资产通常包括：可供出售金融资产、持有至到期投资、长期应收款、长期股权投资、投资性房地产、固定资产、在建工程、无形资产、商誉、长期待摊费用、递延所得税资产及其他非流动资产等。

2. 负债

资产负债表中的负债反映企业在某一特定日期所承担的债务总额。一向按照流动负债和非流动负债分类并进一步分项列示。流动负债通常分为：短期借款、交易性金融负债、应付票据、应付账款、预收账款、应付职工薪酬、应交税费、应付股利、其他应付款、一年内到期的非流动负债和其他流动负债等；非流动负债包括：长期借款、应付债券、长期应付款、预计负债、递延所得税负债和其他非流动负债等。

3. 所有者权益

资产负债表中的所有者权益反映企业在某一特定日期投资者拥有的净资产总额。它一般分为实收资本、资本公积、盈余公积和未分配利润等4个项目列示。

三、资产负债表的结构

我国资产负债表采用账户式，分为左右两边。左边为资产，全部资产项目按其流动性大小排列，流动性大的资产项目排在前面，如“货币资金”、“交易性金融资产”等；流动性小的资产项目排在后面，如“固定资产”、“无形资产”等。右边为负债和所有者权益，其中上段负债，按流动性大小排列，流动性大的负债排在前面，流动性小的负债排在后面；下段为所有者权益，按实收资本、资本公积、盈余公积、未分配利润顺序排列。

四、资产负债表的编制方法

资产负债表属于静态报表，编制时应根据有关账户的期初、期末余额填列。

1. 年初金额的填列

表内“年初金额”栏内各项数字，应根据上年末资产负债表“期末金额”栏内所列数字填列。如果本年度资产负债表规定的各个项目的名称和内容同上年度不相一致，应对上年年末资产负债表各项目的名称和数字按照本年度的规定进行调整，填入本表的“年初金额”栏内。

2. 期末金额的填列

由于资产负债表是总括反映报告期末（月末、季末和年末）的资产、负债和所有者权益的构成，因此，表内“期末金额”栏各有关数据，主要通过以下几种方式取得。

（1）直接根据总分类科目的余额编制。如“短期借款”、“应收票据”、“应付职工薪酬”等项目，直接根据相应总分类科目的期末余额编制。

（2）根据明细分类科目的余额编制。如“应收账款”项目，根据“应收账款”、“预收账款”科目的有关细分类科目的期末借方余额计算编制；又如“应付账款”项目，根据“应付账款”、“预付账款”科目的有关明细分类科目的期末贷方余额计算编制。

（3）根据几个总分类科目的期末余额合计数编制。如“货币资金”项目，根据“库存现金”、“银行存款”、“其他货币资金”科目的期末余额计算合计数编制；如“存货”项目，根据“材料采购”、“原材料”、“周转材料”、“生产成本”、“库存商品”等科目的期末余额之和减去“存货跌价准备”科目期末余额后的净额填列。

（4）反映资产科目与有关备抵科目抵销过程，以反映其净额。如“应收账款”项目减去“坏账准备”项目后得到“应收账款”的填列数额；“固定资产原价”项目减去“累计折旧”项目后得到“固定资产净值”。

【实习 008】编制资产负债表，参考答案：1 631 103. 27元。资产负债表空白格式如图 8 – 6 所示。

资产负债表

会企 01 表

编制单位：滨江市红星家具厂　　2008 年 12 月 31 日　　单位：元

资　产	期末金额	年初金额	负债和所有者权益（或股东权益）	期末金额	年初金额
流动资产：			流动负债：		
货币资金		123 500. 00	短期借款		230 000. 00
交易性金融资产			交易性金融负债		
应收票据			应付票据		
应收账款		131 720. 00	应付账款		167 120. 11
预付款项		9 000. 00	预收款项		

续上表

资　产	期末金额	年初金额	负债和所有者权益（或股东权益）	期末金额	年初金额
应收利息			应付职工薪酬		6 955. 00
应收股利			应交税费		12 567. 89
其他应收款		30 030. 00	应付利息		
存货		302 040. 00	应付股利		
待摊费用		7 200. 00	其他应付款		1 300. 00
一年内到期的非流动资产			预提费用		
其他流动资产			一年内到期的非流动负债		
流动资产合计		603 490. 00	其他流动负债		
非流动资产：			流动负债合计		417 943. 00
可供出售金融资产			非流动负债：		
持有至到期投资			长期借款		
长期应收款			应付债券		
长期股权投资			长期应付款		
投资性房地产			专项应付款		
固定资产		851 780. 00	预计负债		
在建工程			递延所得税负债		
工程物资			其他非流动负债		
固定资产清理			非流动负债合计		
无形资产			负债合计		417 943. 00
研发支出			所有者权益（或股东权益）：		
商誉			实收资本（或股本）		1 000 000. 00
长期待摊费用			资本公积		10 892. 00
递延所得税资产			减：库存股		
其他非流动性资产			盈余公积		26 435. 00

续上表

资　产	期末金额	年初金额	负债和所有者权益（或股东权益）	期末金额	年初金额
非流动资产合计		851 780.00	未分配利润		
			所有者权益（或股东权益）合计		1 037 327.00
资产总计		1 455 270.00	负债和所有者权益（或股东权益）总计		1 455 270.00

图 8－6　12 月份资产负债表

第六节　现金流量表

一、现金流量表的含义及作用

（1）现金流量表是指反映企业一定会计期间的现金和现金等价物流入和流出的会计报表。该表是以现金基础编制的动态报表。

（2）编制现金流量表的主要目的，是为财务报表使用者提供企业一定会计期间内现金和现金等价物流入和流出的信息，以便于财务报表使用者了解和评价企业获取现金和现金等价物的能力，并据以来预测企业未来的现金流量。

现金流量表有助于评价企业支付能力、偿债能力和周转能力；有助于预测企业未来现金流量等。

二、现金及现金流量

1. 现金及现金等价物

（1）现金。指企业库存现金以及可以随时用于支付的存款。主要包括库存现金、银行存款和其他货币资金。

（2）现金等价物。指企业持有的期限短、流动性强、易于转换为已知金额的现金、价值变动很小的投资。它虽然不是现金，但其支付能力与现金的差别不大，可视为现金。

2. 现金流量

（1）现金流量是指企业的现金和现金等价物的流入和流出量。包括某一期间内企业现金流入的数量和流出的数量两方面。它可分为经营活动的现金流量、投资活动的现金流量和筹资活动的现金流量。

（2）影响现金流量的因素。影响现金流量的因素是指可以引起现金及现金等价物的增减变动的经营活动、投资活动和筹资活动，如购买商品并支付款项、销售商品收到款项是经营活动引起的现金流出量与流入量；购买固定资产支付款项、收回投资收到的现金是投资活动所引起的现金流出量与流入量；吸收投资者投入的现金及用银行存款归还银行贷款是筹资活动所引起的现金流入量与流出量等。

三、现金流量表的结构

现金流量表的结构包括基本报表和补充资料（在附注中披露）。

1. 基本报表

基本报表的内容有6项：一是经营活动所产生的现金流量；二是投资活动所产生的现金流量；三是筹资活动产生的现金流量；四是汇率变动对现金的影响；五是现金及现金等价物净增加额；六是期末现金及现金等价物余额。具体如图8－7所示。

现金流量表

会企03表

编制单位：滨江市红星家具厂　　2008年12月　　单位：元

项　目	本期金额	上期金额
一、经营活动产生的现金流量		
销售商品、提供劳务收到的现金		
收到的税费返还		
收到其他与经营活动有关的现金		
经营活动现金流入小计		
购买商品、接受劳务支付的现金		
支付给职工以及为职工支付的现金		
支付的各项税费		
支付其他与经营活动有关的现金		
经营活动现金流出小计		
经营活动产生的现金流量净额		
二、投资活动产生的现金流量		
收回投资收到的现金		
取得投资收益收到的现金		
处置固定资产、无形资产和其他长期资产收回的现金净额		

续上表

项目	本期金额	上期金额
处置子公司及其他营业单位收到的现金净额		
收到其他与投资活动有关的现金		
投资活动现金流入小计		
购建固定资产、无形资产和其他长期资产所支付的现金		
投资所支付的现金		
取得子公司及其他营业单位支付的现金净额		
支付其他与投资活动有关的现金		
投资活动现金流出小计		
投资活动产生的现金流量净额		
三、筹资活动产生的现金流量		
吸收投资收到的现金		
取得借款收到的现金		
收到其他与筹资活动有关的现金		
筹资活动现金流入小计		
偿还债务支付的现金		
分配股利、利润和偿付利息支付的现金		
支付的其他与筹资活动有关的现金		
筹资活动现金流出小计		
筹资活动产生的现金流量净额		
四、汇率变动对现金及现金等价物的影响		
五、现金及现金等价物净增加额		
加：期初现金及现金等价物余额		
六、期末现金及现金等价物余额		

图8－7　现金流量表示意图

2. 补充资料

补充资料有3项，一是将净利润调节为经营活动产生的现金流量；二是不涉及现金收支的重大投资和筹资活动；三是现金及现金等价物净变动情况。如图8－8所示。

补充资料	本期金额	上期金额
1. 将净利润调节为经营活动现金流量		
净利润		
加：资产减值准备		
固定资产折旧、油气资产折耗、生产性生物资产折旧		
无形资产摊销		
长期待摊费用摊销		
处置固定资产、无形资产和其他长期资产的损失（收益以“－”号填列）		
固定资产报废损失（收益以“－”号填列）		
公允价值变动损失（收益以“－”号填列）		
财务费用（收益以“－”号填列）		
投资损失（收益以“－”号填列）		
递延所得税资产减少（增加以“－”号填列）		
递延所得税负债增加（减少以“－”号填列）		
存货的减少（增加以“－”号填列）		
经营性应收项目的减少（增加以“－”号填列）		
经营性应付项目的增加（减少以“－”号填列）		
其他		
经营活动产生的现金流量净额		
2. 不涉及现金收支的重大投资和筹资活动		
债务转为资本		
一年内到期的可转换公司债券		
融资租入固定资产		
3. 现金及现金等价物净变动情况		
现金的期末余额		
减：现金的期初余额		
加：现金等价物的期末余额		
减：现金等价物的期初余余额		
现金及现金等价物的净增加额		

图8－8　现金流量表补充资料示意图

现金流量表的两大部分中，相应的对应关系有：

（1）基本报表中的第一项“经营活动产生的现金流量净额”与补充资料中的第一项“经营活动产生的现金流量净额”应当核对相符。

（2）基本报表中的第五项“现金及现金等价物净增加额”与补充资料中的第三项存在勾稽关系，金额应当一致。

（3）基本报表中的数字是现金流入与现金流出的差额，补充资料中的数字是现金与现金等价物期末数与期初数的差额，其计算依据不同，但结果应当一致，两者应核对相符。

四、现金流量表的编制方法

现金流量表准则规定，企业应当采用直接法编报现金流量表，同时要求在附注中提供以净利润为基础调节到经营活动现金流量的信息，即要求企业采用直接法编制基本报表，而在补充资料中用间接法来计算现金流量。

在实际工作中具体编制现金流量表时，一般可以采用工作底稿法或 T 形账户法，或者直接根据有关科目记录分析填列。以下以常用的工作底稿法为例讲解现金流量表的编制。

1. 编制工作底稿法的程序

所谓工作底稿法是指以工作底稿为手段，以资产负债表和利润数据为基础，对每一项目进行分析并编制调整分录，从而编制现金流量表。工作底稿的样式可参考图8－9。

现金流量表工作底稿

项　目	期初数	调整分录		期末数
		借方	贷方	
一、资产负债表项目				
借方项目：				
货币资金				
交易性金融资产				
应收票据				
应收股利				
应收利息				
应收账款				
预付账款				

续上表

项　目	期初数	调整分录		期末数
		借方	贷方	
应收补贴款				
其他应收款				
存货				
待摊费用				
长期股权投资				
固定资产				
工程物资				
……				
……				
……				

图 8－9　工作底稿示例

其程序：

(1) 将资产负债表的期初数和期末数过入工作底稿的期初数栏和期末数栏。

如，将滨江市红星家具厂 2008 年 12 月份的资产负债表期初期末数过入底稿，如图 8－10 所示。

现金流量表工作底稿

项　目	期初数	调整分录		期末数
		借方	贷方	
一、资产负债表项目				
借方项目：				
货币资金	85 856. 52			45 012. 05
应收账款	213 470. 00			255 315. 00
其他应收款	2 440. 00			3 000. 00
存货	285 040. 00			281 526. 53
待摊费用	600. 00			0. 00
固定资产原价	1 311 952. 42			1 312 847. 42
累计折旧	262 892. 00			265 576. 47
短期借款	250 000. 00			250 000. 00

续上表

项　目	期初数	调整分录		期末数
		借方	贷方	
应付账款	109 429. 00			42 840. 00
坏账准备	766. 52			1 021. 26
其他应付款				2 685. 19
应付职工薪酬	17 478. 17			11 869. 80
应付股利				201 376. 84
应交税费	27 816. 25			49 467. 35
预提费用	5 000. 00			
实收资本	1 000 000. 00			1 000 000. 00
资本公积	10 892. 00			10 892. 00
盈余公积	26 435. 00			61 972. 09
未分配利润	188 650. 00			

图 8 – 10　过入资产负债表项目

（2）对当期业务进行分析并编制调整分录。

编制调整分录时，要以利润表项目为基础，从“营业收入”开始，结合资产负债表项目逐一分析。在调整分录中，相应的现金和现金等价物事项，并非直接借记或贷记现金，而是分别计入“经营活动产生的现金流量”、“投资活动产生的现金流量”、“筹资活动产生的现金流量”有关项目。借记表示现金流入，贷记表示现金流出。

【例 8 – 3】　滨江市红星家具厂 2008 年 12 月，主营业务收入 377 500 元，主营业务成本 259 389. 00 元；其他业务收入 3 575 元，其他业务成本 2 954. 45 元；营业税金及附加 3 034. 49 元。本月发生增值税进项税额 34 437. 87 元，销项税额 64 782. 75 元。月初，应收账款余额 213 470 元，期末余额 255 315 元；应付账款期初余额 109 429 元，期末余额 42 840 元。本月冲销坏账准备 5 000 元。本月销售费用 8 600 元，管理费用 34 986. 12 元，利息收入 295. 71 元，利息支出 7 500 元（其中，归属于 12 月份的利息支出 2 500 元，预提费用 5 000 元）。

提示

“销售商品、提供劳务收到的现金”一般应包括当期销售商品或提供劳务所收到的现金收入（包括增值税销项税额）；当期收到前期销售商品、提供劳务的应收账款或应收票据；当期的预收账款；当期因销货退回而支付的现金或收回前期核销的坏账

损失。

根据上述资料，编制调整分录如下：

A. 借：经营活动现金流量——销售商品提供劳务收到的现金 .399 012. 75

应收账款 41 845

坏账准备 5 000

贷：营业收入 381 075

应交税费 64 782. 75

（分录中：借方记经营活动现金流量，指现金流入，相应数字含义为：

应收账款期末余额 - 应收账款期初余额 = 应收账款本期净发生额，即 255 315 - 213 470 = 41 845 元；营业收入 = 主营业务收入 + 其他业务收入，即 377 500 + 3 575 = 381 075 元；应交税费指销项税额。）

B. 借：营业成本 262 343. 45

应付账款 66 589. 00

应交税费 34 437. 87

贷：经营活动现金流量 - 购买商品接受劳务支付的现金 359 856. 85

存货 3 513. 47

（分录中：应付账款期末余额 - 应收账款期初余额 = 应收账款本期净发生额；营业成本 = 主营业务成本 + 其他业务成本；应交税费指进项税额；存货金额是本期存货净发生额，即期末余额 - 期初余额。）

C. 借：营业税金及附加 3 034. 49

贷：应交税费 3 034. 49

D. 借：销售费用 8 600

贷：经营活动现金流量——支付的其他与经营活动有关的现金 8 600

E. 借：管理费用 34 986. 12

贷：经营活动现金流量——支付的其他与经营活动有关的现金 34 986. 12

F. 借：财务费用 2 204. 29

贷：筹资活动现金流量——偿付利息所支付的现金 2 204. 29

（分录中，财务费用指本月利息支出减去利息收入后的净额。）

G. 借：预提费用 5 000

贷：筹资活动现金流量——偿还利息所支付的现金 5 000

【实习 009】编制滨江市红星家具厂 2008 年 12 月现金流量表的所有调整分录。

（3）将调整分录过入工作底稿中的相应栏目。

【例 8－4】　将【例 8－3】中 A～G 分录的金额过入工作底稿。如图 8－11 所示。

现金流量表工作底稿

项　目	期初数	调整分录		期末数
		借方	贷方	
货币资金	85 856. 52			45 012. 05
应收账款	213 470. 00	A. 41 845		255 315. 00
存货	285 040. 00	B. 12 553. 16		
应付账款	109 429. 00	B. 66 589		42 840. 00
坏账准备	766. 52	A. 5 000		1 021. 26
应交税费	27 816. 24	A. 34 437. 87	A. 64 782. 75 B. 3 034. 49	53 473. 00
预提费用	5 000. 00	G. 5 000		
主营业务收入			A. 381 075. 00	381 075. 00
主营业务成本		B. 245 178. 23		245 178. 23
主营业务税金及附加		C. 3 034. 49		3 034. 49
营业费用		D. 8 600. 00		8 600. 00
管理费用		E. 36 128. 72		36 128. 72
财务费用		F. 2 204. 29		2 204. 29
……				
销售商品、提供劳务收到的现金		A. 399 012. 75		399 012. 75
购买商品、接受劳务支付的现金			B. 358 758. 26	300 220. 06
支付给职工以及为职工支付的现金				78 996. 41
支付的各项税费				27 816. 24
支付的其他与经营活动有关的现金			D. 8 600. 00 E. 36 128. 72	21 425. 22
分配股利、利润和偿付利息所支付的现金			F. 2 204. 29 G. 5 000	7 204. 29

图 8－11　过入调整分录金额

（4）核对调整分录，借方、贷方合计数均相等，资产负债表项目期初数加减调整分录中的借贷金额后，也等于期末数。

【例 8－5】　滨江市红星家具厂 2008 年 12 月现金流量表工作底稿中，合计数等

于 1 437 527. 88 元，如图 8－12 所示。

资产负债表项目期初数、借贷金额及期末数之间的关系如图 8－12 所示。

现金流量表工作底稿

项目	期初数	调整分录		期末数
		借方	贷方	
一、资产负债表项目				
借方项目：				
货币资金	85 856.52		40 844.47	45 012.05
应收账款	213 470.00	41 845.00		255 315.00
预付账款				0.00
应收补贴款				
其他应收款	2 440.00	560.00		3 000.00
存货	285 040.00	12 553.16		297 593.16
待摊费用	600.00		600.00	0.00
固定资产原价	1 311 952.42	4 095.00	3 200.00	1 312 847.42
借方项目合计	1 899 358.94	59 053.16	44 644.47	1 913 767.63
贷方项目：				
累计折旧	262 892.00	3 000.00	5 684.47	265 576.47
短期借款	250 000.00			250 000.00
应付账款	109 429.00	66 589.00		42 840.00
坏账准备	766.52	5 000.00	5 254.74	1 021.26
其他应付款			2 685.19	2 685.19
应付职工薪酬	17 478.18	81 681.60	76 117.23	11 913.81
预提费用	5 000.00	5 000.00		
…………				
实收资本	1 000 000.00			1 000 000.00
资本公积	10 892.00			10 892.00
盈余公积	26 435.00		37 339.64	63 774.64
未分配利润	188 650.00	248 930.90	60 280.90	
贷方项目合计	1 899 358.94	472 455.61	486 864.30	1 913 767.63
二、损益表项目				
主营业务收入			381 075.00	381 075.00
…………				
净利润		60 280.90		60 280.90
三、现金流量表项目				
（一）经营活动产生的现金流量				
销售商品、提供劳务收到的现金		399 012.75		399 012.75
…………				
调整分录借贷合计		1 437 527.88	1 437 527.88	

图 8－12　核对相关项目金额平衡关系

（5）根据工作底稿中的现金流量表项目部分编制正式的现金流量表。

【实习 010】编制滨江市红星家具厂 2008 年 12 月现金流量表。参考数据如图 8－13 所示。

基本报表中相关金额	
经营活动产生的现金流量净额	-29 445.18
投资活动产生的现金流量净额	-4 195
筹资活动产生的现金流量净额	-7 204.29
五、现金及现金等价物净增加额	-40 844.47
六、期末现金及现金等价物余额	45 012.05
补充资料相关金额	
净利润	48 263.93
经营活动产生的现金流量净额	-29 445.18
现金的期末余额	45 012.05
现金及现金等价物的净增加额	-40 844.47

图 8-13　相关参考数据

附录一　系统实习说明

一、编制记账凭证及登记账簿

将本书附录二中的原始凭证、报表逐一剪下，重新填制原始凭证和编制记账凭证、登记账簿（账户的期初余额、报表的上期数从本书中查找）。每编制完一张记账凭证，应将其所附原始凭证用大头针或回形针固定在该张记账凭证的后面。

二、装订凭证

1. 需要装订的凭证内容及排列顺序

（1）银行存款余额调节表、银行存款对账单。

（2）科目汇总表。

（3）按照记账凭证编号顺序排列的记账凭证及所附的原始凭证（记账凭证在前，所附的原始凭证在后）。

2. 操作步骤

（1）将记账凭证按编号顺序排列好，去掉编制记账凭证时用于固定所附原始凭证的大头针、回形针等金属物质。

（2）将超出记账凭证规格的原始凭证折叠，使其不外露，但要保证装订后能翻看原始凭证的全部内容。

（3）按左上角对齐的方法叠好凭证（包括银行存款对账单、银行余额调节表、科目汇总表），用夹子夹紧。

（4）在凭证的左边中上部打 2 ～ 3 个孔（一般 2 个孔），系紧装订线，在背面打结。

（5）贴上凭证封面，并填写封面有关资料。

附录二 实习资料

原始凭证 001 号：增值税发票

××省增值税专用发票

4400044444 No 01746666

发票联

开票日期:2008年12月01日

购货单位	名称：	滨江市红星家具厂	密码区	教学用		
	纳税人识别号：	441702Y19191919				
	地址、电话：	滨江市石湾北路3412026				
	开户银行及账号：	滨江市工行2005085878				

货物或应税劳务名称	规格型号	单位	数量	单价	金额	税率	税额
原木	20～30cm	立方米	30.00	812.00	24 360.00	17%	4 141.20
木板	10mm	平方米	58.00	46.00	2 668.00	17%	453.56
合计					27 028.00		4 594.76
价税合计(大写)	⊗叁万壹仟陆佰贰拾贰元柒角陆分				(小写)￥31622.76		

销货单位	名称：	滨江市木材购销公司	备注	
	纳税人识别号：	441702Y23232323		
	地址、电话：	滨江市马槽路3122222		
	开户银行及账号：	滨江市工行2005095979		

第二联发票联

收款人：张中汉 复核：王晓棠 开票人：徐少华 销货单位：滨江市木材购销公司(发票专用章)

原始凭证 002 号：运输发票

公路、内河货物运输统一发票

抵扣联

发票代码:123456789000
发票号码:00029345

开票日期：2008-12-01

扎打代码	123456789000	税控码	教学用		
扎打号码	00029343				
扎打编码	011123987654				
收货人及纳税人识别号	滨江市红星家具厂 441702Y19191919	承运人及纳税人识别号	滨江市运输公司 441702Y28282828		
发货人及纳税人识别号	滨江市木材购畅销公司 441702Y23232323	主管税务机关及代码	滨江市地方税务局马槽税务所 244077705		

运输项目及金额	货物名称	数量(重量)	单位运价	计费里程	金额	其他项目及金额	费用名称	金额	备注
	木材	38.00	30.00	50.00	1 140.00		无		起始点：滨江 到达点：滨江 类型：汽运
运费小计	￥1 140.00					其他费用小计	￥0.00		
合计(大写)	⊗壹仟壹佰肆拾元整					(小写)	￥1 140.00		

第二联发票联

承运人盖章 开票人 徐少华

原始凭证 003 号：开给运输公司的转账支票存根

中国工商银行 转账支票存根 XIV09284977
附加信息
出票日期　　年　月　日
收款人：
金　额：
用　途：
单位主管　　会计

原始凭证 004 号：开给木材公司的转账支票存根

中国工商银行 转账支票存根 XIV09284978
附加信息
出票日期　　年　月　日
收款人：
金　额：
用　途：
单位主管　　会计

原始凭证 005 号：运杂费分摊表

材料彩购运杂费分配表

年　　月　　日

发货单位	滨江市木材购销公司			
材料名称	分配标准(买价)	分配率	分配金额	备注
原木				
木板				
合计				

制表单位：财务科　　　　　　　　　　制表人：

原始凭证 006 号：材料入库单

红星家具厂材料入库验收单

2008年12月1日

品名	规格	单位	数量		计划价	
			来料数	实际数	单价	总价
原木	20～30cm	m^2	30.00	30.00	800.00	24 000.00
木板	10mm	m^2	58.00	58.00	45.00	2 610.00
合计						26 610.00

仓管员：张东海

原始凭证 007 号：增值税发票

××省增值税专用发票

4400044444 №01748888

记账联

开票日期：2008年12月02日

购货单位	名称：滨江市石湾家具厂 纳税人识别号：44170２Y19192828 地址、电话：滨江市石湾北路3412016 开户银行及账号：滨江市工行2005095979	密码区	教学用			
货物或应税劳务名称	规格型号	单位	数量	单价	金额	税率	税额
木板	10mm	平方米	65	55.00	3 575.00	17%	607.75
合计					3 575.00		607.75
价税合计（大写）	⊗万肆仟壹佰捌拾贰元柒角伍分				（小写）¥4 182.75		
销货单位	名称：滨江市红星家具厂 纳税人识别号：44170２Y19191919 地址、电话：滨江市石湾北路3412026 开户银行及账号：滨江市工行2005085878	备注					

第二联 记账联

收款人：张中汉 复核：王晓棠 开票人：徐少华 销货单位：滨江市红星家具厂（发票专用章）

原始凭证 008 号：进账单

工商银行 **进账单**（收账通知） 3

2008年12月2日 第 号

出票人	全称	滨江市石湾家具厂	收款人	全称	滨江市红星家具厂
	账号	2005095979		账号	2005085878
	开户银行	工商银行滨江分行		开户银行	工商银行滨江分行
金额	人民币（大写）	肆仟壹佰捌拾贰元柒角伍分		亿千百十万千百十元角分	¥418275
票据种类	支票	票据张数			
票据号码					
	复核 记账			收款人开户银行盖章	

此联是银行交给收款人的回单

原始凭证 009 号：广告发票

广东省广告业专用发票　　发票代码 000000000000

发票号码 00038715

2008年12月3日

<table>
<tr><td>客户名称</td><td>滨江市红星家具厂</td><td>地址</td><td colspan="9">滨江市红星家具厂</td></tr>
<tr><td rowspan="2">项　目</td><td rowspan="2">摘　　要</td><td rowspan="2">数量</td><td rowspan="2">单价</td><td colspan="8">金　额</td></tr>
<tr><td>十</td><td>万</td><td>千</td><td>百</td><td>十</td><td>元</td><td>角</td><td>分</td></tr>
<tr><td>电视广告费</td><td>支付广告费</td><td>1</td><td>6 800.00</td><td></td><td></td><td>6</td><td>8</td><td>0</td><td>0</td><td>0</td><td>0</td></tr>
<tr><td></td><td></td><td></td><td></td><td></td><td></td><td></td><td></td><td></td><td></td><td></td><td></td></tr>
<tr><td>金额合计（大写）</td><td>零万陆仟捌佰零拾零元零角零分</td><td></td><td></td><td></td><td></td><td>6</td><td>8</td><td>0</td><td>0</td><td>0</td><td>0</td></tr>
</table>

第二联：发票

广告收费专用章：滨江电视台　　地址　　制单：梁声

原始凭证 010 号：开给广告公司的转账支票存根

原始凭证 013 号：开给运输公司的转账支票存根

中国工商银行
转账支票存根
XIV09284979

附加信息

出票日期　　年　　月　　日

收款人：

金　额：

用　途：

单位主管　　会计

中国工商银行
转账支票存根
XIV09284995

附加信息

出票日期　　年　月　日

收款人：

金　额：

用　途：

单位主管　　会计

原始凭证014号：产品出仓单

红星家具厂产品出仓单

2008年12月4日

品名	单位	出仓数量	用途	提货人
书柜	个	200.00	销售	×××
桌子	张	200.00	销售	×××
合计				

仓管员：李中达

原始凭证011号：增值税发票

××省增值税专用发票

4400044444　　　　№ 01748889

记账联　　　　开票日期：2008年12月04日

购货单位	名称：	江州市鸿发商场	密码区	教学用
	纳税人识别号：	441702X19193434		
	地址、电话：	江州市天河北路8321566		
	开户银行及账号：	天河工行2005095979		

货物或应税劳务名称	规格型号	单位	数量	单价	金额	税率	税额
书柜		个	200	280.00	56 000.00	17%	9 520.00
桌子		个	200	200.00	40 000.00	17%	6 800.00
合计					96 000.00		16 320.00
价税合计(大写)	⊗壹拾壹万贰仟叁佰贰拾元整				(小写)¥112 320.00		

销货单位	名称：	滨江市红星家具厂	备注	
	纳税人识别号：	441702Y19191919		
	地址、电话：	滨江市石湾北路3412026		
	开户银行及账号：	滨江市工行2005085878		

第二联记账联

收款人：张中汉　复核：王晓棠　开票人：徐少华　销货单位：　滨江市红星家具厂(发票专用章)

原始凭证 012 号：托收凭证回单

托收凭证（受理回单）　　1

委托日期　2008年12月4日　　　　付款期限2008年12月17日

<table>
<tr><td colspan="10">业务类型　委托收款（□邮划□电划）　托收承付（□邮划☑电划）</td></tr>
<tr><td rowspan="3">付款人</td><td>全　称</td><td colspan="3">江州鸿发商场</td><td rowspan="3">收款人</td><td>全　称</td><td colspan="3">滨江市红星家具厂</td></tr>
<tr><td>账　号</td><td colspan="3">2005088659</td><td>账　号</td><td colspan="3">2005085878</td></tr>
<tr><td>地　址</td><td>××省江州市县</td><td>开户银行</td><td>工行江州分行</td><td>地　址</td><td>××省滨江市县</td><td>开户银行</td><td>工商银行滨江分行</td></tr>
<tr><td>金额</td><td>人民币（大写）</td><td colspan="5">⊗壹拾壹万伍仟叁佰贰拾元整</td><td colspan="3">亿 千 百 十 万 千 百 十 元 角 分
¥ 1 1 5 3 2 0 0 0</td></tr>
<tr><td colspan="2">款项内容</td><td>货款及代垫运费</td><td>托收凭据名称</td><td colspan="3">增值税发票、运费发票、购销合同书</td><td>附寄单证张数</td><td colspan="2">3张</td></tr>
<tr><td colspan="2">商品发运情况</td><td colspan="2">货物已交运输公司发出</td><td colspan="3">合同名称号码</td><td colspan="3">购销合同BJ00751</td></tr>
<tr><td colspan="2">备注：

复核　记账</td><td colspan="5">款项收妥日期

年　月　日</td><td colspan="3">收款人开户银行盖章

年　月　日</td></tr>
</table>

此联作收款人开户银行给收款人的受理回单

原始凭证 015 号：增值税发票

××省增值税专用发票

4400044444　　　　№ 01746688

发票联　　开票日期：2008年12月06日

<table>
<tr><td rowspan="4">购货单位</td><td>名　　称：</td><td colspan="3">滨江市红星家具厂</td><td rowspan="4">密码区</td><td colspan="4" rowspan="4">教学用</td></tr>
<tr><td>纳税人识别号：</td><td colspan="3">441702Y19191919</td></tr>
<tr><td>地址、电话：</td><td colspan="3">滨江市石湾北路3412026</td></tr>
<tr><td>开户银行及账号：</td><td colspan="3">滨江市工行2005085878</td></tr>
<tr><td colspan="2">货物或应税劳务名称</td><td>规格型号</td><td>单位</td><td>数量</td><td>单价</td><td>金额</td><td>税率</td><td>税额</td><td></td></tr>
<tr><td colspan="2">木板</td><td>10mm</td><td>平方米</td><td>680</td><td>46.00</td><td>31 280.00</td><td>17%</td><td>5 317.60</td><td></td></tr>
<tr><td colspan="2">合　计</td><td></td><td></td><td></td><td></td><td>31 280.00</td><td></td><td>5 317.60</td><td></td></tr>
<tr><td colspan="2">价税合计(大写)</td><td colspan="4">⊗叁万陆仟伍佰玖拾柒元陆角零分</td><td colspan="4">(小写)¥36 597.60</td></tr>
<tr><td rowspan="4">销货单位</td><td>名　　称：</td><td colspan="3">滨江市木材购销公司</td><td rowspan="4">备注</td><td colspan="4" rowspan="4"></td></tr>
<tr><td>纳税人识别号：</td><td colspan="3">441702Y23232323</td></tr>
<tr><td>地址、电话：</td><td colspan="3">滨江市马槽路3122222</td></tr>
<tr><td>开户银行及账号：</td><td colspan="3">滨江市工行2005095979</td></tr>
</table>

第二联发票联

收款人：张中汉　复核：王晓棠　开票人：徐少华　销货单位：滨江市木材购销公司（发票专用章）

原始凭证 016 号：运输发票

公路、内河货物运输业统一发票

抵 扣 联

发票代码：123456789000
发票号码：00029378

开票日期：2008-12-06

机打代码	123456789000	税控码	教学用
机打号码	00029345		
机器编号	011123989654		
收货人及纳税人识别号	滨江市红星家具厂 441702Y19191919	承运人及纳税人识别号	滨江市运输公司 441702Y28282828
发货人及纳税人识别号	滨江市木材购销公司 441702Y23232323	主管税务机关及代码	滨江市地方税务局马槽税务所 244077705

运输项目及金额	货物名称	数量(重量)	单位运价	计费里程	金额	其他项目及金额	费用名称	金额	备注
	木材	12	30.00	50.00	360		无		起达地：滨江 到达地：滨江 类型：汽运

运费小计	¥360.00	其他费用小计	¥0.00
合计(大写)	⊗ 叁佰陆拾元整	(小写)	¥360.00

承运人盖章 开票人 苏晓声

第二联发票联

原始凭证 017 号：开给木材购销公司的转账支票存根

原始凭证 019 号：开给总务科的现金支票存根

中国工商银行
转账支票存根
XIV09284980
附加信息

出票日期 年 月 日
收款人：
金 额：
用 途：
单位主管 会计

中国工商银行
现金支票存根
XIV09284933
附加信息

出票日期 年 月 日
收款人：
金 额：
用 途：
单位主管 会计

原始凭证18号：

红星家具厂材料入库验收单

2008年12月6日

品名	规格	单位	数量		实际价格				计划划	
			来料数	实际数	单价	总价	运杂费	合计	单价	总价
木板	10mm	平方米	680.00	680.00	46.00	31 280.00	334.80	31 614.80	45.00	30 600
合计						31 280.00	334.80	31 614.80		30 600

仓管员：张东海

原始凭证020号：总务科开出的收据

收　据

No08461

第二联　交款单位　　2008年12月8日

今收到　账务科

人民币　⊗　叁仟元整　　¥3000.00元

系　付　总务科设立定额备用金

收款人签章：滨江市红星家具厂总务科（章）　经办人：杨大伟

原始凭证021号：差旅费报销单

差旅费报销单

填制日期：2008年12月8日

单位：办公室　　出差人：李国宝　　事由：参加企业管理研讨会

起止日期	往返地点	车船费	住宿费	会议费	天数	出差补助	合计
12.1—12.7	滨江-江州	280.00	600.00	1 050.00	7	140.00	2 070.00
合	计	280.00	600.00	1 050.00	7	140.00	2 070.00
附件张数	13张	预借差旅费 2 000.00元			出差人签名：李国宝		

原始凭证022号：普通收据

收　据

No08462

第二联　付款单位　　2008年12月8日

今收到　财务科

人民币　⊗柒拾元整　　¥70.00元

系　付　报销差旅费扣除借款后差额

收款人签章：李国宝

原始凭证023号：加油站发票

中石化股份有限公司滨江石油分公司石油销售发票

发　票　联

No00029346

顾客名称及地址：滨江市红星家具厂　　2008年12月10日填发

品名规格	单位	数量	单价	超过千元无效	金额					备注
					百	十	元	角	分	
97#汽油	升	50.00	4.00		2	0	0	0	0	
合计(大写)⊗仟贰佰零拾零元零角零分					2	0	0	0	0	

第二联发票闻

填票人:陈琛　　收款人:陈琛　　业户名称及地址（盖章）　滨江加油站

原始凭证024号：固定资产报废申请表

固定资产报废申请表

2008年12月11日

项　目	基本资料	部　门	处理意见	签章
固定资产名称及编号	刨木机	使用部门	无法正常运转	张松
规格型号	bj205	技术鉴定小组	设备陈旧	陈冬
计量单位	台	固定资产管理部门	将到达使用年限	梁锦辉
申请报废数量	1	主管部门或领导	同意报废	包大刚
预计使用年限	6	备注		
已使用年限	5			
账面原值	3 200			
已提折旧	3 000			
账面折余价值	200			
报废原因	不能使用			

原始凭证025号:现金支票

中国工商银行 现金支票存根 XⅣ09284977	中国工商银行现金支票	XⅣ09284977
附加信息	出票日期（大写）贰零零捌年壹拾贰月壹拾壹日	付款行名称：工商银行滨江分行
	本支票付款期十天 收款人：张大千	出票人账号：2005085878
	人民币（大写）壹仟伍佰元整	亿 千 百 十 万 千 百 十 元 角 分 ¥ 1 5 0 0 0 0
出票日期 2008 年12 月 11 日	用途：备用金	
收款人：张大千	上列款项请从	
金　额：1 500.00	我账户内支付	
用　途：备用金	出票人签章	
单位主管××× 会计×××	（滨江市红星家具厂预留印鉴）	复核　　记账

原始凭证026号:现金支出单

滨江市红星家具厂现金支出单

2008年12月12日

支出事项	支付固定资产清理费用
金额(大写)⊗仟壹佰零拾零元零角零分	¥100.00

审批:　　出纳:　　领款人:张冬冬

原始凭证027号:信汇收账通知

中国工商银行　信汇凭证（收账通知）

委托日期2008年12月11日

汇款人	全称	江州鸿发商场	收款人	全称	滨江市红星家具厂
	账号	2005088659		账号	2005085878
	汇出地点	××省 江州 市/县		汇入地点	××省 滨江 市/县
汇出行名称		工商银行江州分行	汇入行名称		工商银行滨江分行
金额	人民币（大写）	⊗贰万壹仟捌佰肆拾元整	千 百 十 万 千 百 十 元 角 分		¥ 2 1 8 4 0 0 0
款项已收入收款人账户。 汇入行签章 2008年12月12日			支付密码		
			附加信息及用途：付前欠购货款 复核　　记账		

此联是银行交给收款人的回单

原始凭证028号：收账通知

托收凭证（收账通知）　4

委托日期 2008年11月24日　　付款期限2008年12月12日

<table>
<tr><td colspan="11">业务类型　委托收款（□邮划 □电划）　托收承付（□邮划 ☑电划）</td></tr>
<tr><td rowspan="3">付款人</td><td>全称</td><td colspan="3">余杭市家具商场</td><td rowspan="3">收款人</td><td>全称</td><td colspan="4">滨江市红星家具厂</td></tr>
<tr><td>账号</td><td colspan="3">3005085333</td><td>账号</td><td colspan="4">2005085878</td></tr>
<tr><td>地址</td><td>××省余杭市县</td><td>开户银行</td><td>工行余杭分行</td><td>地址</td><td>××省滨江市县</td><td>开户银行</td><td colspan="2">工行银行滨江分行</td></tr>
<tr><td>金额</td><td>人民币（大写）</td><td colspan="5">⊗柒万零陆佰叁拾元整</td><td colspan="4">亿 千 百 十 万 千 百 十 元 角 分
¥ 7 0 6 3 0 0 0</td></tr>
<tr><td colspan="2">款项内容</td><td colspan="2">货款及代垫运费</td><td>托收凭据名称</td><td colspan="3">增值税发票、运费发票、购销合同书</td><td>附寄单证张数</td><td colspan="2">3张</td></tr>
<tr><td colspan="3">商品发运情况</td><td colspan="2">货物已交运输公司发出</td><td colspan="3">合同名称号码</td><td colspan="3">购销合同BJ00756</td></tr>
<tr><td colspan="3">备注：

复核　　记账</td><td colspan="5">上列款项已划回收入你方账户内。

收款人开户银行签章
2008年12月12日</td><td colspan="3"></td></tr>
</table>

此联作收款人开户银行作收账通知

原始凭证029号：增值税发票

××省增值税专用发票

4400088888　　№ 01946699

发票联　　开票日期：2008年12月12日

<table>
<tr><td rowspan="4">购货单位</td><td>名称：</td><td colspan="3">滨江市红星家具厂</td><td rowspan="4">密码区</td><td colspan="4" rowspan="4">教学用</td></tr>
<tr><td>纳税人识别号：</td><td colspan="3">441702Y19191919</td></tr>
<tr><td>地址、电话：</td><td colspan="3">滨江市石湾北路3412026</td></tr>
<tr><td>开户银行及账号：</td><td colspan="3">滨江市工行2005085878</td></tr>
<tr><td colspan="2">货物或应税劳务名称</td><td>规格型号</td><td>单位</td><td>数量</td><td>单价</td><td>金额</td><td>税率</td><td>税额</td><td></td></tr>
<tr><td colspan="2">木板</td><td>10mm</td><td>平方米</td><td>670.00</td><td>45.80</td><td>30 686.00</td><td>17%</td><td>5 216.62</td><td></td></tr>
<tr><td colspan="2">合计</td><td></td><td></td><td></td><td></td><td>30 686.00</td><td></td><td>5 216.62</td><td></td></tr>
<tr><td colspan="6">价税合计(大写)⊗叁万伍仟玖佰零拾贰元陆角贰分</td><td colspan="4">(小写)¥35 902.62</td></tr>
<tr><td rowspan="4">销货单位</td><td>名称：</td><td colspan="3">关西木材供应站</td><td rowspan="4">备注</td><td colspan="4" rowspan="4"></td></tr>
<tr><td>纳税人识别号：</td><td colspan="3">441702Y23232888</td></tr>
<tr><td>地址、电话：</td><td colspan="3">关西市风度南路3122888</td></tr>
<tr><td>开户银行及账号：</td><td colspan="3">关西市工行2005096789</td></tr>
</table>

第二联发票联

收款人：李广大　复核：黄选国　开票人：徐大华　销货单位：　　关西木材供应站(发票专用章)

原始凭证030号：运输发票

公路、内河货物运输业统一发票

抵扣联

发票代码：123456789000
发票号码：00029378

开票日期：2008-12-12

机打代码	123456789000	税控码	教学用		
机打号码	00029345				
机器编号	011123987654				
收货人及纳税人识别号	滨江市红星家具厂 441702Y19191919	承运人及纳税人识别号	关西市运输公司 441702Y28282828		
发货人及纳税人识别号	关西木材供应站 441702Y23232888	工管税务机关及代码	关西市地方税务局 244077705		
运输项目及金额	货物名称 木材；数量(重量) 15；单位运价 100；计费里程 50.00；金额 1500	其他项目及金额	费用名称 无	金额	备注：起达地：滨江 到达地：滨江 类型：汽运
运费小计	¥1 500.00	其他费用小计	¥0.00		
合计(大写)	⊗ 壹仟伍佰元整	(小写)	¥1 500.00		

第二联发票联

承运人盖章　　　　开票人　谭时事

原始凭证031号：材料入库单

红星家具厂材料入库验收单

2008年12月12日

品名	规格	单位	数量		计划价	
			来料数	实际数	单价	总价
木板	10mm	m^2	670.00	670.00	45.00	30 150. 00
合计						30 150.00

仓管员：张东海

原始凭证032号：银行汇票存根

No 0008461

中国工商银行汇票申请书（存根） 1

委托日期 2008年12月12日

申请人	滨江市红星家具厂	收款人	关西木材供应站
账号或地址	2005085878	账号或地址	2005096789
用　途	付前欠货款	代理付款行	
汇款金额	人民币（大写）	⊗伍万陆仟贰佰元整	千 百 十 万 千 百 十 元 角 分 ¥ 5 6 2 0 0 0 0

此联收款人留存

原始凭证033号：管理费用支出汇总表（所附原始凭证略）

管理费用支出汇总表

单位：总务科　　2008年12月12日

项　目	凭证张数	支出金额	核销金额	备　注
差旅费	29	1 685.00	1 685.00	
办公费	45	780.00	780.0	
其他	5	455.00	455.00	
合　计	79	2 920.00	2 920.00	
人民币（大写）	⊗贰仟玖佰贰拾元整			

审批：张世峰　　报账人：杨大伟

原始凭证034号：现金支票

中国工商银行
现金支票存根
X IV09284934

附加信息

签发日期　年　月　日

收款人：杨大伟

金　额：

用　途：

备　注：

单位主管　　会计

原始凭证037号：产品出仓单存根

红星家具厂产品出仓单

2008年12月15日

品名	单位	出仓数量	用途	提货人
书柜	个	150.00	销售	×××
桌子	张	100.00	销售	×××
合计				

仓管员：李中达

原始凭证035号：增值税发票

××省增值税专用发票

№ 01748890

记账联　　开票日期：2008年12月15日

购货单位	名称：江州市鸿发商场 纳税人识别号：441702X19193434 地址、电话：江州市天河北路8321566 开户银行及账号：天河工行2005095979	密码区	教学用				
货物或应税劳务名称	规格型号	单位	数量	单价	金额	税率	税额
书柜		个	150	280.00	42 000.00	17%	7 140.00
桌子		个	100	200.00	20 000.00	17%	3 400.00
合计					62 000.00		10 540.00
价税合计(大写)	⊗柒万贰仟伍佰肆拾元整				(小写)¥72 540.00		
销货单位	名称：滨江市红星家具厂 纳税人识别号：441702Y19191919 地址、电话：滨江市石湾北路3412026 开户银行及账号：滨江市工行2005085878	备注					

第二联记账联

收款人：张中汉　复核：王晓棠　开票人：徐少华　销货单位：滨江市红星家具厂(发票专用章)

原始凭证036号：收账通知

工商银行进账单（收账通知）　3

2008年12月15日　　第　号

出票人	全称	江州市鸿发商场	收款人	全称	滨江市红星家具厂
	账号	2005095979		账号	2005085878
	开户银行	工行银行天河分行		开户银行	工行银行滨江分行
金额	人民币(大写)	⊗柒万贰仟伍佰肆拾元整		亿千百十万千百十元角分	¥7254000 0
票据种类	银行汇票	票据张数	1		
票据号码	BA0100003322				
复核　记账				收款人开户银行盖章	

此联是银行交给收款人的回单

原始凭证 038 号：增值税专用发票

××省增值税专用发票

4400088888　　　　　　　　　　№ 01947788

发票联　　　　开票日期：2008年11月16日

购货单位	名称：	滨江市红星家具厂	密码区	教学用			
	纳税人识别号：	441702Y19191919					
	地址、电话：	滨江市石湾北路3412026					
	开户银行及账号：	滨江市工行2005085878					

货物或应税劳务名称	规格型号	单位	数量	单价	金额	税率	税额
药剂类					988.03	17%	167.97
针剂类					3 200.00	17%	544.00
合计					4 188.03		711.97
价税合计(大写)	⊗万肆仟玖佰零拾零元零角零分				(小写)¥4 900.00		

销货单位	名称：	滨江市医药公司	备注	
	纳税人识别号：	441702H23232777		
	地址、电话：	滨江市南恩路3222888		
	开户银行及账号：	滨江市工行2005088341		

收款人：李广大　　复核：黄选国　　开票人：徐大华　　销货单位：滨江市医药公司(发票专用章)

第二联 发票联

原始凭证 039 号：开给医药公司转账支票存根

中国工商银行
转账支票存根
XIV 09284981
附加信息
出票日期　　年　　月　　日
收款人：
金　额：
用　途：
单位主管　　会计

原始凭证 040 号:200 元定额发票

××省滨江市服务业定额发票

发　票　联

№12292703

顾客名称：滨江市红星家具厂

人民币金额　贰　佰　元

收款人：　　收款单位（盖章）

（顾客报销凭证）　　2008　年　12　月　15　日

抽奖电话：3426000 拨通后按语音提示操作　投诉电话：3420110

原始凭证 041 号:100 元定额发票

××省滨江市服务业定额发票

发　票　联

№12292718

顾客名称：滨江市红星家具厂

人民币金额　壹　佰　元

收款人：　　收款单位（盖章）

（顾客报销凭证）　　2008　年　12　月　15　日

抽奖电话：3426000 拨通后按语音提示操作　投诉电话：3420110

原始凭证 042 号:50 元定额发票

××省滨江市服务业定额发票

发　票　联

№12292719

顾客名称：滨江市红星家具厂

人民币金额　伍　拾　元

收款人：　　收款单位（盖章）

（顾客报销凭证）　　2008　年　12　月　15　日

抽奖电话：3426000 拨通后按语音提示操作　投诉电话：3420110

原始凭证043号：20元定额发票

××省滨江市服务业定额发票

发　票　联

№12292766

顾客名称：滨江市红星家具厂

人民币金额　贰　拾　元

收款人：　　　　　收款单位（盖章）

（顾客报销凭证）　　　　2008　年　12　月　15　日

抽奖电话：3426000 拨通后按语音提示操作　投诉电话：3420110

原始凭证044号：10元定额发票

××省滨江市服务业定额发票

发　票　联

№12292531

顾客名称：滨江市红星家具厂

人民币金额　壹　拾　元

收款人：　　　　　收款单位（盖章）

（顾客报销凭证）　　　　2008　年　12　月　15　日

抽奖电话：3426000 拨通后按语音提示操作　投诉电话：3420110

原始凭证045号：原始凭证汇总表

原始凭证汇总表

经办人：李光大　　　　填制日期：2008年12月16日

项　目	事由	金额	附件张数
餐费	业务接待	380.00	5
合　计		380.00	5
财会部门审核意见		领导批示	
已核		同意报销	
签名：××× 2008年12月16日		签名：××× 2008年12月16日	

原始凭证046号：支付凭证

中国工商银行支付系统专用凭证 №000001966293

委托日期：2008/12/08
汇款人账号：2005085878　　汇款人名称：滨江市红星家具厂
接收日期：2008/12/16
收款人账号：2005096789　　收款人名称：关西木材供应站
货币符号、金额：RMB37 402.62
大写金额：⊗叁万柒仟肆佰零贰元陆角贰分
附言：货款

第二联 作客户通知单　　会计　　复合　　记账

原始凭证047号：现金支票存根

中国工商银行
现金支票存根
XIV09284935

附加信息

出票日期　　年　　月　　日

收款人：
金　额：
用　途：发工资

单位主管　　会计

原始凭证052号：转账支票存根

中国工商银行
转账支票存根
XIV09284988

附加信息

出票日期 2008 年12 月17日

收款人：滨江市运输公司
金　额：1800.00
用　途：付运费

单位主管××× 　会计×××

原始凭证 048 号：工资发放汇总表

滨江市红星家具厂工资发放汇总表

2008年12月17日　　　　单位：元

车间、部门	标准工资或计件工资	应扣工资	应发奖金及津贴	应付工资	代扣款项			实发工资
					水电费	伙食费	合计	
书柜生产工人	21 105.72				551.58	6116.68		
桌子生产工人	26 832.74				702.00	7 101.98		
生产工人小计	47 938.46				1 253.58	1 3218.66		
车间管理人员	5 456.00	24.40	1 560.00		36.56	286.56		
企业管理部门	17 462.00	156.46	2 346.00		1 368.34	234.87		
医务室	2 000.00		200.00		26.71	120.24		
合计								

附件5张　　制表：　　审核：　　审批：　　滨江市红星家具厂（盖章）

原始凭证 051 号：产品出仓单

红星家具厂产品出仓单

2008年12月17日

品名	单位	出仓数量	用途	提货人
书柜	个	100.00	销售	×××
桌子	张	100.00	销售	×××
合计				

仓管员：李中达

原始凭证 057 号：转账支票存根

原始凭证 058 号：转账支票存根

中国工商银行
转账支票存根
XIV09284982

附加信息

出票日期 2008 年12 月 18 日

收款人：滨江市木材购销公司
金　额：
用　途：

单位主管　　会计

中国工商银行
转账支票存根
XIV09284983

附加信息

出票日期 2008 年12 月 18 日

收款人：滨江市机械公司
金　额：
用　途：

单位主管（章）　会计（章）

原始凭证 049 号：增值税发票

××省增值税专用发票

4400044444 № 01748892

记账联 开票日期：2008年12月17日

购货单位	名称：江州市鸿发商场			密码区	教学用		
	纳税人识别号：441702X19193434						
	地址、电话：江州市天河北路8321566						
	开户银行及账号：工行江州分行2005095979						
货物或应税劳务名称	规格型号	单位	数量	单价	金额	税率	税额
书柜		个	100	290.00	29 000.00	17%	4 930.00
桌子		个	100	210.00	21 000.00	17%	3 570.00
合计					50 000.00		8 500.00
价税合计(大写)	⊗伍万捌仟伍佰元整				(小写)¥58 500.00		
销货单位	名称：滨江市红星家具厂			备注			
	纳税人识别号：441702Y19191919						
	地址、电话：滨江市石湾北路3412026						
	开户银行及账号：滨江市工行2005085878						

第二联 记账联

收款人：张中汉 复核：王晓棠 开票人：徐少华 销货单位：滨江市红星家具厂(发票专用章)

原始凭证 050 号：托收受理回单

托收凭证（受理回单） 1

委托日期 2008年12月17日 付款期限2008年12月27日

业务类型	委托收款（□邮划□电划） 托收承付（□邮划 √电划）					
付款人	全称	江州鸿发商场	收款人	全称	滨江市红星家具厂	
	账号	2005088659		账号	2005085878	
	地址	××省江州市县 开户银行 工行江州分行		地址	××省滨江市县 开户银行 工行银行滨江分行	
金额	人民币(大写)	⊗陆万零叁佰元整			亿千百十万千百十元角分	¥6030000
款项内容	货款及代垫运费	托收凭据名称	增值税发票、运费发票、购销合同书	附寄单证张数	3张	
商品发运情况	货物已交运输公司发出		合同名称号码	购销合同BJ00756		
备注： 复核 记账	款项收妥日期 年 月 日			收款人开户银行盖章 年 月 日		

此联作收款人开户银行给收款人的受理回单

原始凭证 053 号：收账通知

托收凭证（收账通知）　　4

委托日期　2008年12月4日　　付款期限2008年12月17日

业务类型	委托收款（□邮划□电划）　托收承付（□邮划 √电划）				
付款人 全称	江州鸿发商场		收款人 全称	滨江市红星家具厂	
账号	2005088659		账号	2005085878	
地址	××省江州市县	开户银行 工行天河分行	地址	××省滨江市县	开户银行 工行银行滨江分行
金额 人民币（大写）	⊗壹拾壹万伍仟叁佰贰拾元整		亿千百十万千百十元角分	¥ 1 1 5 3 2 0 0 0	
款项内容	货款及代垫运费	托收凭据名称	增值税发票、运费发票、购销合同书	附寄单证张数	3张
商品发运情况	货物已交运输公司发出		合同名称号码	购销合同BJ00756	
备注： 复核　记账	上列款项已划回收入你方账户内。 收款人开户银行签章 2008年12月17日				

此联作收款人开户银行作收账通知

原始凭证 054 号：增值税发票

××省增值税专用发票

4400044444　　№ 01746699

发票联　　开票日期：2008年12月18日

购货单位	名称：滨江市红星家具厂 纳税人识别号：441702Y19191919 地址、电话：滨江市石湾北路3412026 开户银行及账号：滨江市工行2005085878	密码区	教学用			
货物或应税劳务名称	规格型号	单位	数量	单价	金额	税率	税额
原木	10～30cm	立方米	80	815.00	65 200.00	17%	11 084.00
合计					65 200.00		11 084.00
价税合计(大写)	⊗柒万陆仟贰佰捌拾肆元零角零分				(小写)¥76 284.00		
销货单位	名称：滨江市木材购销公司 纳税人识别号：441702Y23232323 地址、电话：滨江市马槽路3122222 开户银行及账号：滨江市工行2005095979	备注					

收款人：张中汉　复核：王晓棠　开票人：徐少华　销货单位：　滨江市木材购销公司(发票专用章)

第二联发票联

原始凭证 055 号：运输发票

公路、内河货物运输业统一发票

抵 扣 联

发票代码：123456789000
发票号码：00029432

开票日期：2008-12-18

机打代码	123456789009	税控码	教学用
机打号码	00029345		
机器编号	011123987654		
收货人及纳税人识别号	滨江市红星家具厂 441702Y19191919	承运人及纳税人识别号	滨江市运输公司 441702Y28282828
发货人及纳税人识别号	滨江市木材购销公司 441702Y23232828	工管税务机关及代码	滨江市地方税务局马槽税务所 244077705

运输项目及金额	货物名称	数量(重量)	单位运价	计费里程	金额	其他项目及金额	费用名称	金额	备注
	木材	30	30.00	50.00	900		无		起达地：滨江 到达地：滨江 类型：汽运

运费小计	¥ 900.00	其他费用小计	¥0.00
合计(大写)	⊗ 玖佰元整	(小写)	¥ 900.00

承运人盖章　　开票人　苏晓声

第二联发票联

原始凭证056号：材料入库单

红星家具厂材料入库验收单

2008年12月18日

品名	规格	单位	数量		计划价	
			来料数	实际数	单价	总价
原木	20~30cm	立方米	80.00	80.00	80.00	64 000
合计						64 000

仓管员：张东海

原始凭证059号：增值税发票

××省增值税专用发票

4400044444　　№ 01746666

发票联　　开票日期：2008年12月18日

购货单位	名称：	滨江市红星家具厂	密码区	教学用			
	纳税人识别号：	441702Y19191919					
	地址、电话：	滨江市石湾北路3412026					
	开户银行及账号：	滨江市工行2005085878					
货物或应税劳务名称	规格型号	单位	数量	单价	金额	税率	税额
锯木机	be306	台	1	3 500.00	3 500.00	17%	595.00
合计					3 500.00		595.00
价税合计(大写)	⊗万肆仟零佰玖拾伍元零角零分			(小写)¥4 095.00			
销货单位	名称：	滨江市机械公司	备注				
	纳税人识别号：	441702k43232676					
	地址、电话：	滨江市马槽路3144444					
	开户银行及账号：	滨江市工行2005096543					

收款人：谭宝华　复核：钟士海　开票人：梁世欢　销货单位：滨江市机械公司(发票专用章)

第二联发票联

原始凭证060号：收账通知

工商银行进账单（收账通知） 3

20082年12月20日 第 号

出票人	全称	南海华天公司	收款人	全称	滨江市红星家具厂
	账号	8005078787		账号	2005085878
	开户银行	中国银行西南分行		开户银行	工行银行滨江分行
金额	人民币（大写）	⊗陆万肆仟元整		亿千百十万千百十元角分	￥6400000
票据种类	银行汇票	票据 1			
票据号码	BT0800003355				
	复核 记账			收款人开户银行盖章	

此联是开户银行交给收款人的收账通知

原始凭证061号：信汇回单

中国工商银行 信汇凭证 （回 单） 1

委托日期 2008年12月21日

汇款人	全称	滨江市红星家具厂	收款人	全称	西南木材公司
	账号	2005085878		账号	4005096333
	汇出地点	××省 滨江 市/县		汇入地点	××省 西南 市/县
汇出行名称		工商银行滨江分行	汇出行名称		工商银行西南分行
金额	人民币（大写）	⊗拾壹万零仟叁佰捌拾玖元零角零分	亿千百十万千百十元角分		￥10389000
			支付密码		
			附加信息及用途：付欠前购货款		
汇出行签章 2008年12月21日			复核 记账		

此联汇出行给汇款人的回单

原始凭证062号：开给电力公司转账支票存根

中国工商银行

转账支票存根

XIV09284984

附加信息

出票日期 年 月 日

收款人：

金 额：

用 途：

单位主管 会计

原始凭证 067 号:开给自来水公司的转账支票存根

中国工商银行
转账支票存根
XIV09284985

附加信息

出票日期　　年　月　日

收款人：

金　额：

用　途：

单位主管　　会计

原始凭证 063 号:增值税发票

××省增值税专用发票

4400088888　　№ 01947788

发票联

开票日期：2008年12月22日

购货单位	名　　称：	滨江市红星家具厂		密码区	教学用			
	纳税人识别号：	441702Y19191919						
	地址、电话：	滨江市石湾北路3412026						
	开户银行及账号：	滨江市工行2005085878						
货物或应税劳务名称		规格型号	单位	数量	单价	金额	税率	税额
电		三相	度	15911	0.40	6 364.40	17%	1 081.95
电		单相	度	2836	0.80	2 268.80	17%	385.70
合　计						8 633.20		1 467.64
价税合计(大写)	⊗壹万零仟壹佰零拾零元捌角肆分				(小写)¥10 100.84			
销货单位	名　　称：	滨江市电力公司		备注				
	纳税人识别号：	441702D23232838						
	地址、电话：	滨江市漠江路3422888						
	开户银行及账号：	滨江市工行2005088555						

第二联发票联

收款人：黄进　　复核：黄国焕　　开票人：张世忠　　销货单位：　滨江市电力公司(发票专用章)

原始凭证 065 号:增值税发票

××省增值税专用发票

4400088888　　　　　　　　　　　　№ 01949933

发票联　　　　开票日期：2008年12月22日

<table>
<tr><td rowspan="4">购货单位</td><td>名　　称：</td><td>滨江市红星家具厂</td><td rowspan="4">密码区</td><td colspan="4" rowspan="4">教学用</td></tr>
<tr><td>纳税人识别号：</td><td>441702Y19191919</td></tr>
<tr><td>地 址 、 电 话：</td><td>滨江市石湾北路3412026</td></tr>
<tr><td>开户银行及账号：</td><td>滨江市工行2005085878</td></tr>
<tr><td colspan="2">货物或应税劳务名称</td><td>规格型号</td><td>单位</td><td>数量</td><td>单价</td><td>金额</td><td>税率</td><td>税额</td></tr>
<tr><td colspan="2">自来水</td><td>工业用水</td><td>方</td><td>1553</td><td>1.40</td><td>2 174.20</td><td>13%</td><td>282.65</td></tr>
<tr><td colspan="2">合　　计</td><td></td><td></td><td></td><td></td><td>2 174.20</td><td></td><td>282.65</td></tr>
<tr><td colspan="6">价税合计(大写) ⊗万贰仟肆佰伍拾陆元捌角伍分</td><td colspan="3">(小写)¥2456.85</td></tr>
<tr><td rowspan="4">销货单位</td><td>名　　称：</td><td>滨江市自来水公司</td><td rowspan="4">备注</td><td colspan="5" rowspan="4"></td></tr>
<tr><td>纳税人识别号：</td><td>441702Z23233333</td></tr>
<tr><td>地 址 、 电 话：</td><td>滨江市漠江路3415888</td></tr>
<tr><td>开户银行及账号：</td><td>滨江市工行2005044555</td></tr>
</table>

收款人：梁飞　复核：陈水莲　开票人：张江　销货单位：滨江市自来水公司(发票专用章)

第二联发票联

原始凭证064号：动力费用分配表

外购动力费用分配表

2008年12月22日

用电部门	三相电（生产用）			单相电（照明用）			合计
	用电量（度）	单价	金额	用电量（度）	单价	金额	
生产车间	15 911	0.4		913	0.8		
管理部门				1 923	0.8		
合　计	15 911	0.4		2 836	0.8		

制表：　　　　复核：

原始凭证066号：水费分配表

水费用分配表

2008年12月22日

用水部门	用水量（方）	单价	金额
生产车间	1 229.00	1.40	
管理部门	324.00	1.40	
合　计	1 553.00	1.40	

制表：　　　　复核：

原始凭证 068 号:普通销售发票

商品流通企业商品销售统一发票

购货单位：滨江市红星家具厂　2008年12月23日　No0036549

商品名称	规格	单位	数量	单价	超过千元无效	金额 百	十	元	角	分
钢笔	英雄BG1	支	15	10.00		1	5	0	0	0
笔记本	64开	本	15	8.00		1	2	0	0	0
计算器	12位	台	15	34.00		5	1	0	0	0
合计	柒佰捌拾零元零角零分					7	8	0	0	0

②顾客报销

滨江市兴国商场(盖章)

原始凭证 069 号:开给商场的转账支票存根

中国工商银行
转账支票存根
XIV09284986

附加信息

签发日期　年　月　日

收款人：

金　额：

用　途：

单位主管　会计

原始凭证 070 号:办公用品发放表

办公用品发放表

2008年12月23日

领用部门	金额	签领人
生产车间	212.00	张松
管理部门	568.00	刘传方
合　计	780.00	

制表：李孟德　复核：王方

原始凭证 071 号：增值税发票

××省增值税专用发票

4400044444 发票联 № 01748893

开票日期：2008年12月24日

购货单位	名称：	江州市鸿发商场	密码区	教学用
	纳税人识别号：	441702X19193434		
	地址、电话：	江州市天河北路8321566		
	开户银行及账号：	天河工行2005095979		

货物或应税劳务名称	规格型号	单位	数量	单价	金额	税率	税额
书柜		个	300	285.00	85 500.00	17%	14 535.00
桌子		个	400	210.00	84 000.00	17%	14 280.00
合计					169 500.00		28 815.00
价税合计(大写) ⊗壹拾玖万捌仟叁佰壹拾伍元零角零分					(小写)¥198 315.00		

销货单位	名称：	滨江市红星家具厂	备注	
	纳税人识别号：	441702Y19191919		
	地址、电话：	滨江市石湾北路3412026		
	开户银行及账号：	滨江市工行2005085878		

收款人：张中汉 复核：王晓棠 开票人：徐少华 销货单位：滨江市红星家具厂(发票专用章)

第二联 记账联

原始凭证 072 号：托收受理回单

托收凭证（受理回单） 1

委托日期 2008年12月24日 付款期限2008年12月31日

业务类型	委托收款（□邮划 □电划） 托收承付（□邮划 √电划）					
付款人	全称	江州鸿发商场	收款人	全称	滨江市红星家具厂	
	账号	2005088659		账号	2005085878	
	地址	××省江州市县 开户银行 工行江州分行		地址	××省滨江市县	开户银行 工行银行滨江分行
金额	人民币(大写)	⊗贰拾万叁仟叁佰壹拾伍元整		亿千百十万千百十元角分	¥ 2 0 3 3 1 5 0 0	
款项内容	货款及代垫运费	托收凭据名称	增值税发票、运费发票、购销合同书	附寄单证张数	3张	
商品发运情况	货物已交运输公司发出	合同名称号码	购销合同BJ00759			
备注： 复核 记账	款项收妥日期 年 月 日	收款人开户银行盖章 年 月 日				

此联作收款人开户银行给收款人的受理回单

原始凭证 073 号：开给运输公司的转账支票

中国工商银行
转账支票存根
XⅣ09284987
附加信息

出票日期 年 月 日
收款人：滨江市运输公司
金 额：5 000.00
用 途：付运费
单位主管 会计

中国工商银行转账支票 XⅣ09284987

出票日期（大写） 年 月 日 付款行名称：
本支票付款期十天 收款人： 出票人账号：

人民币（大写）	亿	千	百	十	万	千	百	十	元	角	分

用途：
上列款项请从
我账户内支付
出票人签章
（滨江市红星家具厂预留印鉴） 复核 记账

原始凭证 074 号：产品出仓单

红星家具厂产品出仓单

2008年12月24日

品名	单位	出仓数量	用途	提货人
书柜	个	300.00	销售	×××
桌子	张	400.00	销售	×××
合计				

仓管员：李中达

原始凭证 075 号：收账通知

托收承付/委托收款 结算 全部/部分 拒绝承付理由书（代通知或收账通知） 4

拒付日期 2008年12月20日 托收号：003345

付款人	全称	江州鸿发商场	收款人	全称	滨江市红星家具厂
	账号	2005088659		账号	2005085878
	开户银行	工商银行江州分行		开户银行	工商银行滨江分行

托收金额	60 300.00	拒付金额	1 800.00	部分付款金额	千	百	十	万	千	百	十	元	角	分
							¥	5	8	5	0	0	0	0

附寄单证	1张	部分付款金额（大写）	⊗伍万捌仟伍佰元整

拒付理由	
拒付运费，根据合同规定，运费应由销货方负担。 付款人签章	复核 记账

此联银行给收款人作收账通知或全部拒付通知书

原始凭证 076 号：增值税发票

××省增值税专用发票

4400088888　　　　　　　　　　　　　　№ 01946712

发票联　　　　　　　　　　　　开票日期：2008年12月25日

购货单位	名称：	滨江市红星家具厂	密码区	教学用			
	纳税人识别号：	441702Y19191919					
	地址、电话：	滨江市石湾北路3412026					
	开户银行及账号：	滨江市工行2005085878					
货物或应税劳务名称	规格型号	单位	数量	单价	金额	税率	税额
木板	10mm	平方米	800	45.60	36 480.00	17%	6 201.60
合计					36 480.00		6 201.60
价税合计(大写)	⊗肆万贰仟陆佰捌拾壹元陆角零分				(小写)￥42 681.60		
销货单位	名称：	关西木材供应站	备注				
	纳税人识别号：	441702Y23232888					
	地址、电话：	关西市凤度南路3122888					
	开户银行及账号：	关西市工行2005096789					

收款人：李广大　　复核：黄选国　　开票人：徐大华　　销货单位：关西木材供应站(发票专用章)

第二联发票联

原始凭证 077 号：信汇回单

中国工商银行　信汇凭证　（回　单）　　1

委托日期 2008年12月25日

汇款人	全称	滨江市红星家具厂	收款人	全称	关西木材供应站
	账号	2005085878		账号	2005096789
	汇出地点	××省　滨江　市/县		汇入地点	××省　关西　市/县
汇出行名称		工商银行滨江分行	汇出行名称		工商银行关西分行

金额	人民币（大写）	⊗肆万贰仟陆佰捌拾壹元陆角零分	亿	千	百	十	万	千	百	十	元	角	分
						￥	4	2	6	8	1	6	0

	支付密码
汇出行签章2008年12月25日	附加信息及用途：付购货款 复核　　记账

此联汇出行给汇款人的回单

原始凭证 078 号：材料入库单

红星家具厂材料入库验收单

2008年12月25日

品名	规格	单位	数量		计划价	
			来料数	实际数	单价	总价
木板	10mm	m^2	800.00	800.00	45.00	36 000.00
合计						36 000.00

仓管员：张东海

原始凭证079号：普通收据

收　　据

№08463

第一联　收款单位　　2008年12月26日

今收到　滨江市太平公司

人民币⊗肆佰肆拾元整　　¥440.00元

系　付　退还包装物押金

收款单位：滨江市红星家具厂（财务章）　　收款人：

原始凭证080号：税收通用缴款书

中华人民共和国
税收通用缴款书

粤国缴申 06170888号

注册类型：股份有限责任公司　　填发日期 2008年12月26日　　征收机关：滨江市国家税务局

<table>
<tr><td rowspan="4">缴款单位</td><td>代码</td><td colspan="2">441701729993838</td><td rowspan="4">预算科目</td><td>编码</td><td colspan="2">010103</td><td rowspan="9">第一联收据，银行收款后退缴款人作完税凭证</td></tr>
<tr><td>全称</td><td colspan="2">滨江市红星家具厂</td><td>名称</td><td colspan="2">股份制企业增值税</td></tr>
<tr><td>开户银行</td><td colspan="2">工行银行滨江分行</td><td>级次</td><td colspan="2">中央75%，地方25%</td></tr>
<tr><td>账号</td><td colspan="2">2005085878</td><td>收缴国库</td><td colspan="2">滨江市人行 2560001</td></tr>
<tr><td colspan="2">税款所属时期</td><td colspan="2">2008年11月1日
2008年11月30日</td><td colspan="4">税款限缴日期　2008 年 12 月 26 日</td></tr>
<tr><td colspan="2">品目名称</td><td colspan="2">课税数量</td><td>计税金额</td><td>税率或单位税额</td><td>已缴或扣除额</td><td>实缴金额</td></tr>
<tr><td colspan="2">工业加工</td><td colspan="2"></td><td>255 000.00</td><td>17%</td><td></td><td>21242.52</td></tr>
<tr><td colspan="2">金额合计</td><td colspan="5">人民币（大写）⊗贰万壹仟贰佰肆拾贰元伍角贰分</td><td>¥21242.52</td></tr>
<tr><td colspan="2">缴款单位（人）

（盖章）</td><td colspan="2">税务机关

（盖章）</td><td colspan="3">上列款项已收妥并划转收款单位账户

国库（银行）盖章2008年12月26日</td><td>备注</td></tr>
</table>

逾期不缴按税法规定加收滞纳金

原始凭证081号：税收通用完税凭证

中华人民共和国
税收通用完税证

粤地23 06170555号

注册类型：股份有限责任公司　填发日期：2008年12月26日　征收机关：滨江市地税局

纳税人代码	441702Y19191919		地址	滨江市创业路x号		
纳税人名称	滨江市红星家具厂		税款所属时间		2008年11月01日—2008年11月31日	
税种	品目名称	课税数量	计税金额或销售收入	税率或单位税金	已缴或扣除额	实缴金额
城建税	城建税（市区）		21 242.52	0.07		1 486.98
教育费	教育费附加（其他）		21 242.52	0.03		637.28
企得税	企业所得税		13 483.25	0.33		4 449.47
金额合计	（大写）⊗陆仟伍佰柒拾叁元柒角叁分					¥6 573.73
税务机关 （盖章）	委托代征单位（人） （盖章）		填票人 （盖章）	备注	税票号码：略 电脑编码：略 税款属性：略 缴税方式：银行划转 缴款账号：略 核算机关：略 管理机关：略 扣缴日期：2008年12月26日	

第二联：收据交纳税人作完税凭证

原始凭证082号：坏账处理报告单

坏账处理报告单

2008年12月26日

单位名称	江州南华公司
申请处理金额	伍仟元整　¥5 000.00
坏账产生原因	该公司已注销，确实无法收回
企业负责人意见	董事会审批
同意核销 ×××12月28日	同意 （盖章）12月28日

原始凭证083号：存款利息通知单

中国工商银行存款利息通知单(代付出传票)

2008年12月31日

户　名	滨江市红星家具厂	账　户					2005085878			
利息计算时间	2008年10月1日至起12月31日止	积数	4 435 782.98					月利率0.2%		
利息金额	贰佰玖拾伍元柒角壹分	千	百	十	万	千	百	十	元	角	分
						¥	2	9	5	7	1
上列利息已转入你单位存款户 中国工商银行滨江分行		转账 2008年12月31日 复核　记账　制单									

原始凭证 084 号:贷款利息通知单

中国工商银行存款利息通知单(代传票)

2008年12月31日

<table>
<tr><td>户　名</td><td>滨江市红星家具厂</td><td colspan="5">账　户</td><td colspan="5">2005085878</td></tr>
<tr><td>利息计算时间</td><td>2008年10月1日至起12月31日止</td><td>积数</td><td colspan="6">250 000.00</td><td colspan="3">月利率0.2%</td></tr>
<tr><td rowspan="2">利息金额</td><td rowspan="2">贰佰玖拾伍元柒角壹分</td><td>千</td><td>百</td><td>十</td><td>万</td><td>千</td><td>百</td><td>十</td><td>元</td><td>角</td><td>分</td></tr>
<tr><td></td><td></td><td></td><td>¥</td><td>7</td><td>5</td><td>0</td><td>0</td><td>0</td><td>0</td></tr>
<tr><td colspan="2">上列利息已由你单位存款户扣收
中国工商银行滨江分行</td><td colspan="10">转账 2008年12月31日
复核　记账　制单</td></tr>
</table>

原始凭证 085 号:普通收据

收　据

№08462

第二联 交款单位　　2008年12月31日

今收到 财务科

人民币⊗壹万叁仟捌佰陆拾元叁角叁分 ¥13 860.33元

系　付 代扣职工伙食费

收款人签章:杨大伟

原始凭证 086 号:开给食堂的转账支票存根

中国工商银行
现金支票存根
XIV09284933

附加信息

出票日期 2008 年12 月 31 日

收款人:杨大伟

金　额:13 860.33

用　途:职工伙食费

单位主管　　会计

原始凭证 088 号：费用摊销表

费用摊销表

年　月　日

待摊项目	本期摊销金额	摊入科目
财产保险费		管理费用——保险费
合　计		

制表：　　　　　　　　审核：

原始凭证 087 号：银行汇票多余款收账通知

中国工商银行			
付款期限 壹个月	**银行汇票**（多余款收账通知）　4		汇票号码
出票日期（大写）	贰零零捌年壹拾贰月叁拾壹日	代理付款行：	行号：
收款人：	关西木材供应站	账号：2005096789	
出票金额	人民币（大写）伍万陆仟贰佰元整		
实际结算金额	人民币（大写）伍万陆仟贰佰元整	千百十万千百十元角分	￥5620000
申请人：滨江市红星家具厂		账号：2005085878	
出票行：滨江市工行　行号：0788		密押：	
备　注：		多余金额 千百十万千百十元角分 ￥000	左列退回多余金额已收入你账户内
代理付款行签章 复核：　经办：			

此联出票行结清多余款后交申请人

原始凭证 089 号：折旧计提表

固定资产折旧计提表

2008年12月31日

类别	房屋建筑		机器设备		其他设备		合计
月分类折旧率	0.30%		0.80%		0.40%		
部门	原值	折旧额	原值	折旧额	原值	折旧额	
基本生产	326 980.00		328 400.00				
管理行政	549 960.00				106 612.42		
合计							

原始凭证090号：工资分配汇总表

工资费用分配汇总表

2008年12月

车间、部门	总账科目	明细科目	应分配金额
书柜生产工人	生产成本	书柜	
桌子生产工人	生产成本	桌子	
基本生产车间管理人员	制造费用	工资及福利费	
企业管理部门	管理费用	工资及福利费	
医务室	应付福利费		
合计			

制表：

原始凭证091号：工会经费计提表

工会经费计提表

2008年12月

车间、部门	计提工会经费工资总额	提取率	应计提福利费金额
书柜生产工人			
桌子产品生产工人			
基本生产车间管理人员			
企业管理部门			
医务室			
合计		2%	

原始凭证092号：材料成本差异计算表

2008年12月材料成本差异计算表

项目	计划成本			材料成本差异			材料成本差异率%
	期初	本期收入	合计	期初	本期收入	合计	
金额							

材料成本差异率精确到百分数后4位小数　　　　制表：

原始凭证 093 号：发料凭证汇总表

附发料单30张

发料凭证汇总表

材料成本差异率:1.0068%

总账科目	明细科目	原木（立方米）		木板（立方米）		丝钉（公斤）		计划成本金额合计	应负担的材料成本差异	实际成本合计
		计划单价800.00元		计划单价45.00元		计划单价40.00元				
		数量	金额	数量	金额	数量	金额			
生产成本	书柜	35.65		1 143.00		194.00				
	桌子	67.35		851.00		0.00				
制造费用	修理费	2.10		0.80		5.00				
管理费用	修理费	4.90		1.20		3.00				
其他业务支出	材料销售			65.00						
合计										

制表：

原始凭证 094 号：坏账准备计提表

坏账准备计提表

2008年12月31日

项目	金额或比率
应收账款月末余额	
坏账准备提取率	4‰
“坏账准备”科目期末余额	
“坏账准备”科目计提前余额	
本月应提坏账准备	

原始凭证 095 号：

基本生产车间制造费用分配表

2008年12月31日

产品	生产工人工资	分配率	应分配金额
书柜			
桌子			
合计			

分配率保留6位小数　　　　制表：

原始凭证096号：书柜生产成本计算表

附：产品入库单30张

产品成本计算单

2008年12月31日

完工产品：550个
在产品：300个
在产品完工程度：50%

产品名称：书柜

摘要	成本项目			合计
	直接材料	直接人工	制造费用	
月初在产品成本				
本月发生的生产费用				
生产费用合计				
约当总产量（个）				
完工产品单位成本				
完工产品总成本				
月末在产品总成本				

制表：

原始凭证097号：桌子生产成本计算表

附：产品入库单25张

产品成本计算单

2008年12月31日

完工产品：1000个
在产品：250个
在产品完工程度：60%

产品名称：书柜

摘要	成本项目			合计
	直接材料	直接人工	制造费用	
月初在产品成本				
本月发生的生产费用				
生产费用合计				
约当总产量（个）				
完工产品单位成本				
完工产品总成本				
月末在产品总成本				

制表：

原始凭证098号：产品销售成本计算表

产品销售成本计算表

2008年12月31日

项目	书柜		桌子		合计
	数量	金额	数量	金额	
月初结存					
本月入库					
加权平均单价					
本月销售产品制造成本					

附：产品出仓单　张　　　　制表：

原始凭证 099 号： 产品附加税计算表

增值税附加税费计算表

项目	基数	征收率	金额	备注
城市维护建设税				
教育费附加				
合计				

制表：

原始凭证 101 号：“两金”计提表

“两金”计提表

计提项目	税后利润总额	分配比例	分配金额
法定盈余公积金			
任意盈余公积金			
合　　计			

制表：

原始凭证 102 号： 利润分配计算表

利润分配计算表

投资者	应分配利润总额	出资额	投资比例	分配金额
国际实业有限公司				
新世纪公司				
惠福酒店				
合　　计				

制表：

原始凭证 100 号： 所得税纳税申报表

所得税纳税申报表

所述行业：工业　　　　所属时间：2008 年 12 月　　单位：元

纳税人名称	滨江市红星家具厂	
项　目	本月数	本年累计数
一、营业收入		
减：营业成本		
营业税金及附加		
销售费用		

续上表

纳税人名称	滨江市红星家具厂	
项　目	本月数	本年累计数
管理费用		
财务费用		
资产减值损失		
加:公允价值变动损益		
投资收益		
二、营业利润		
加:营业外收入		
减:营业外支出		
其中:非流动资产处置损失		
三、利润总额		
加:纳税调整增加额		
减:纳税调整减少额		
五、应纳税所得额		
适用税率		
五、应纳所得税额		

原始凭证103号:利润表

利润表

会企02表

编制单位:滨江市红星家具厂　　2008年12月　　单位:元

项　目	本期金额	上期金额
一、营业收入		
减:营业成本		
营业税金及附加		
销售费用		

续上表

项　目	本期金额	上期金额
管理费用		
财务费用		
资产减值损失		
加：公允价值变动损益（损失以“－”号填列）		
投资收益（损失以“－”号填列）		
二、营业利润（亏损以“－”号填列）		
加：营业外收入		
减：营业外支出		
其中：非流动资产处置损失		
三、利润总额（亏损总额以“－”号填列）		
减：所得税费用		
四、净利润（净亏损以“－”号填列）		
五、每股收益		
（一）基本每股收益		
（二）稀释每股收益		

原始凭证104号:资产负债表

资　产　负　债　表

编制单位：滨江市红星家具厂　　　　年　　月　　日

资　产	期末金额	年初金额	负债和所有者权益(或股东权益)	期末金额	年初金额
流动资产：			流动负债：		
货币资金			短期借款		
交易性金融资产			交易性金融负债		
应收票据			应付票据		
应收账款			应付账款		
预付款项			预收款项		
应收利息			应付职工薪酬		
应收股利			应交税费		
其他应收款			应付利息		
存货			应付股利		
待摊费用			其他应付款		
一年内到期的非流动资产			预提费用		
其他流动资产			一年内到期的非流动负债		
流动资产合计			其他流动负债		
非流动资产：			流动负债合计		
可供出售金融资产			非流动负债：		
持有至到期投资			长期借款		
长期应收款			应付债券		
长期股权投资			长期应付款		
投资性房地产			专项应付款		
固定资产			预计负债		
在建工程			递延所得税负债		
工程物资			其他非流动负债		
固定资产清理			非流动负债合计		
无形资产			负债合计		
研发支出			所有者权益(或股东权益)：		
商誉			实收资本(或股本)		
长期待摊费用			资本公积		
递延所得税资产			减：库存股		
其他非流动性资产			盈余公积		
非流动资产合计			未分配利润		
			所有者权益(或股东权益)合计		
资产总计			负债和所有者权益(或股东权益)总计		

原始凭证 105 号：科目汇总表

科目汇总表

汇字　　号　　　　　　　　2008 年 12 月 31 日 凭证自第　　号至第　　号共　　张

会计科目	本期借方发生额	本期贷方发生额

原始凭证106号:现金流量表

现　金　流　量　表

会企03表

编制单位：滨江市红星家具厂　　　　2008年12月　　　　单位：元

项　　　目	本期金额	上期金额
一、经营活动产生的现金流量		
销售商品、提供劳务收到的现金		
收到的税费返还		
收到其他与经营活动有关的现金		
经营活动现金流入小计		
购买商品、接受劳务支付的现金		
支付给职工以及为职工支付的现金		
支付的各项税费		
支付其他与经营活动有关的现金		
经营活动现金流出小计		
经营活动产生的现金流量净额		
二、投资活动产生的现金流量		
收回投资收到的现金		
取得投资收益收到的现金		
处置固定资产、无形资产和其他长期资产收回的现金净额		
处置子公司及其他营业单位收到的现金净额		
收到其他与投资活动有关的现金		
投资活动现金流入小计		
购建固定资产、无形资产和其他长期资产所支付的现金		
投资所支付的现金		
取得子公司及其他营业单位支付的现金净额		
支付其他与投资活动有关的现金		
投资活动现金流出小计		
投资活动生产的现金流量净额		
三、筹资活动产生的现金流量		
吸收投资收到的现金		
取得借款收到的现金		
收到其他与筹资活动有关的现金		
筹资活动现金流入小计		
偿还债务支付的现金		
分配股利、利润和偿付利息支付的现金		
支付的其他与筹资活动有关的现金		
筹资活动现金流出小计		
筹资活动产生的现金流量净额		
四、汇率变动对现金及现金等价物的影响		
五、现金及现金等价物净增加额		
加：期初现金及现金等价物余额		
六、期末现金及现金等价物余额		

续上表

补充资料	本期金额	上期金额
1. 将净利润调节为经营活动现金流量		
净利润		
加：资产减值准备		
固定资产折旧、油气资产折耗、生产性生物资产折旧		
无形资产摊销		
长期待摊费用摊销		
处置固定资产、无形资产和其他长期资产的损失(收益以“-”号填列)		
固定资产报废损失（收益以“-”号填列）		
公允价值变动损失（收益以“-”号填列）		
财务费用（收益以“-”号填列）		
投资损失（收益以“-”号填列）		
递延所得税资产减少（增加以“-”号填列）		
递延所得税负债增加（减少以“-”号填列）		
存货的减少（增加以“-”号填列）		
经营性应收项目的减少（增加以“-”号填列）		
经营性应付项目的增加（减少以“-”号填列）		
其他		
经营活动产生的现金流量净额		
2. 不涉及现金收支的重大投资和筹资活动		
债务转为资本		
一年内到期的可转换公司债券		
融资租入固定资产		
3. 现金及现金等价物净变动情况		
现金的期末余额		
减：现金的期初余额		
加：现金等价物的期末余额		
减：现金等价物的期初余额		
现金及现金等价物的净增加额		

后 记

本书以实习手工操作为主，大部分凭证的编制过程已在书中进行讲解，为启发学员思考，部分凭证以“堂上作业”的形式留下悬念，让学员去摸索。这些作业及系统实习的参考答案在网上公布。

网址：http：//www. kjswysx. com/

网络实名：漠阳会计培训网